Success15 fifteen

サクセス15
September 2014
9

http://success.waseda-ac.net/

CONTENTS

information
ーインフォメーションー

早稲田アカデミー
各イベントのご紹介です。
お気軽にお問い合わせください。

中1・中2・中3

志望校別模試

早稲アカだからできる規模・レベル・内容

中3 早慶附属高受験者の登竜門

早慶実戦オープン模試

10/19 (日)

早慶進学 保護者説明会 同時開催

テスト 9：00～12：15　授業 13：00～15：00
早慶附属高対策用問題集配布（詳しい解説付） テスト代 4,800円

中3 本番そっくり・特別授業実施・5科

開成実戦オープン模試

10/25 (土)

開成進学 保護者説明会 同時開催

テスト 8：30～13：50　授業 14：00～15：30
テスト代 4,800円

中3 課題発見。最後の早慶合格判定模試

早慶ファイナル模試

11/29 (土)

テスト 9:00～12:45　テスト代 4,200円

中3 記述重視・特別授業実施・3科

慶女実戦オープン模試

10/25 (土)

慶女進学 保護者説明会 同時開催

テスト 9：00～12：30　授業 13：00～15：30
テスト代 4,800円

中3 国立附属の一般と内部進学対応・5科

国立実戦オープン模試

10/13 (祝)

理社フォローアップテキストを無料配布

テスト 9：00～14：30　テスト代 4,800円

中2 記述重視　中2男子対象　無料

開成・国立Jr.実戦オープン模試

9/23 (祝) 5科・3科選択可

保護者説明会 同時開催（予定）
（中1・中2生の保護者対象）

中3 筑駒高校合格へ向けての課題がわかります!

筑駒実戦オープン模試

11/3 (祝)

テスト 9：00～14：45　テスト代 4,800円
筑駒入試セミナー（生徒・保護者対象） 15:00～16:30

中2 記述重視　中2女子対象　無料

慶女・国立Jr.実戦オープン模試

9/23 (祝) 5科・3科選択可

保護者説明会 同時開催（予定）
（中1・中2生の保護者対象）

中1 中2 開成・国立附属・早慶附属を目指す中1・中2対象

難関チャレンジ公開模試

11/30 (日)

【5科】英・数・国・理・社　8:30～13:00
【3科】英・数・国　8:30～11:35
テスト代 4,200円

中3

作文コース

公立高校の記述問題にも対応
国語の総合力がアップ

9月開講受付中

演習主体の授業＋徹底添削で、作文力・記述力を徹底強化！

推薦入試のみならず、一般入試においても「作文」「小論文」「記述」の出題割合は年々増加傾向にあります。たとえば開成の記述、慶應女子の 600字作文、早大学院の 1200字小論文や都県立推薦入試や一般入試の作文・小論文が好例です。本講座では高校入試突破のために必要不可欠な作文記述の“エッセンス”を、ムダを極力排した「演習主体」のカリキュラムと、中堅校から最難関校レベルにまで対応できる新開発の教材、作文指導の“ツボ”を心得た講師陣の授業・個別の赤ペン添削指導により、お子様の力量を合格レベルまで引き上げます。また作文力を鍛えることで、読解力・記述式設問の解答能力アップも高いレベルで期待できます。

- **9月～12月**（月４回授業）　● **毎　週**　校舎によって異なります
- **時　間**　17：00 ～ 18：30（校舎によって異なります）
- **入塾金**　21,600 円（基本コース生は不要）　● **授業料**　12,500 円／１ヶ月（教材費を含みます）

中1 首都圏トップレベルを目指す中1生集まれ！

1Sクラス選抜試験 9/13 (土)

無料 別日受験できます！

ネット・携帯で簡単申込み!!

【実施会場】
早稲田アカデミー各校舎
時間は校舎により異なります。

中2 開成・国立附属・早慶附属高を目指す中2対象

特訓クラス選抜試験 9/13 (土)

無料 別日受験できます！

ネット・携帯で簡単申込み!!

【実施会場】
早稲田アカデミー各校舎
時間は校舎により異なります。

「日曜特訓講座」「志望校別模試」「作文コース」に関するお申し込み・お問い合わせは最寄りの
早稲田アカデミーまたは **本部教務部 03 (5954) 1731** まで

一流中学
高校受験

早稲田アカデミー

中2・3 対象

日曜特訓講座

お申し込み受付中

お近くの早稲田アカデミー
各校舎までお気軽にどうぞ

一回合計５時間の「弱点単元集中特訓」！

難問として入試で問われることの多い“単元”は、なかなか得点源にできないものですが、その一方で解法やコツを会得してしまえば大きな武器になります。早稲田アカデミーの日曜特訓は、お子様の「本気」に応える、テーマ別集中特訓講座。選りすぐりの講師陣が、日曜日の合計５時間に及ぶ授業で「分かった！」という感動と自信を、そして揺るぎない得点力をお子様にお渡しいたします。

早稲田アカデミー
イメージキャラクター
伊藤萌々香（フェアリーズ）

中２必勝ジュニア　中２対象

「まだ中2だから……」なんて、本当にそれでいいのでしょうか。もし、君が高校入試で開成・国立附属・早慶などの難関校に『絶対に合格したい！』と思っているならば、「本気の学習」に早く取り組んでいかなくてはいけません。大きな目標である『合格』を果たすには、言うまでもなく全国トップレベルの実力が必要となります。そして、その実力は、自らがそのレベルに挑戦し、自らが努力しながらつかみ取っていくべきものなのです。合格に必要なレベルを知り、トップレベルの問題に対応できるだけの柔軟な思考力を養うことが何よりも重要です。さあ、中2の今だからこそトライしていこう！

科目…英語・数学　時間…13：30 ～ 18：45
日程…9/7・28、10/12、11/9、12/7、1/18

中3日曜特訓　中３対象

いよいよ入試まであと残りわずかとなりました。入試に向けて、最後の追い込みをしていかなくてはいけません。ところが「じゃあ、いったい何をやればいいんだろう？」と、考え込んでしまうことが多いものです。

そんな君たちに、早稲田アカデミーはこの『日曜特訓講座』をフル活用してもらいたいと思います。１学期の日曜特訓が、中１～中２の復習を踏まえた基礎力の養成が目的であったのに対し、２学期の日曜特訓は入試即応の実戦的な内容になっています。また、近年の入試傾向を徹底的に分析した結果、最も出題されやすい単元をズラリとそろえていますから、参加することによって確実に入試での得点力をアップさせることができるのです。よって、現在の自分自身の学力をよく考えてみて、少しでも不安のある単元には積極的に参加するようにしてください。１日たった５時間の授業で、きっとスペシャリストになれるはずです。さあ、志望校合格を目指してラストスパート！

科目…英語・数学・理社　時間…13：30 ～ 18：45
日程…9/14、10/5・26、11/9・16・30、12/7

一流中学
高校受験
早稲田アカデミー

開成・国立附属・慶女・早慶附属・都県立トップ

中3 必勝コース

必勝5科コース 筑駒クラス、開成クラス 国立クラス

必勝3科コース 選抜クラス、早慶クラス 難関クラス

講師のレベルが違う

必勝コースを担当する講師は、難関校の入試に精通したスペシャリスト達ばかりです。早稲田アカデミーの最上位クラスを長年指導している講師の中から、さらに選ばれたエリート集団が授業を担当します。教え方、やる気の出させ方、科目に関する専門知識、どれを取っても負けません。講師の早稲田アカデミーと言われる所以です。

テキストのレベルが違う

難関私国立の最上位校は、教科書や市販の問題集レベルでは太刀打ちできません。早稲田アカデミーでは過去十数年の入試問題を徹底分析し、難関校入試突破のためのオリジナルテキストを開発しました。今年の入試問題を詳しく分析し、必要な部分にはメンテナンスをかけて、いっそう充実したテキストになっています。毎年このテキストの中から、そっくりの問題が出題されています。

生徒のレベルが違う

※ No.1 表記は 2014 年 2 月・3 月当社調べ

必勝コースの生徒は全員が難関校を狙うハイレベルな層。同じ目標を持った仲間と切磋琢磨することによって成績は飛躍的に伸びます。開成 79 名合格（7 年連続全国 No.1）、慶應女子 77 名合格（6 年連続全国 No.1）、早慶附属 1431 名合格（14 年連続全国 No.1）でも明らかなように、最上位生が集う早稲田アカデミーだから可能なクラスレベルです。早稲田アカデミーの必勝コースが首都圏最強と言われるのは、この生徒のレベルのためです。

必勝コース実施要項

日程	9月 7日・14日・21日・28日 10月 5日・12日・26日・11月2日 11月 9日・16日・23日・30日 12月 7日・14日・21日・23日(火・祝) 1月 11日・12日(月・祝)・18日・25日 毎週日曜日 全20回
時間・料金	必勝5科コース 筑駒 開成 国立 クラス ［時間］9:30～18:45(英語・数学・国語・理科・社会) ［料金］31,300円/月 必勝3科コース 選抜 早慶 難関 クラス ［時間］13:30～18:45(英語・数学・国語) ［料金］21,900円/月 ※入塾金 10,800円(基本コース生は不要)　※料金はすべて税込みです。
特待生	選抜試験成績優秀者には特待生制度があります。

必勝コース 選抜試験 ［兼必勝志望校判定模試］

8/31 日　受付中　無料

必勝5科コース　筑駒クラス、開成クラス　国立クラス

必勝3科コース　選抜クラス、早慶クラス　難関クラス

●当日実施の合格もぎを受験される方は代替受験用として時間を変更した会場を用意しております。
●途中月入会の選抜試験についてはお問い合わせください。

必勝コース 説明会

第2回 **8/31 日**　受付中　無料

必勝5科コース　対象校 ▶ 開成・国立附属・慶女・都県立トップ校

必勝3科コース　対象校 ▶ 早慶附属・難関私立校

●会場等詳細はお問い合わせください。

一流中学 高校受験 早稲田アカデミー

体育祭

こんなに楽しい！ 高校の体育祭・文化祭

　高校の体育祭や文化祭は、どこも中学校のものより格段に盛りあがることを知っていますか？　今回はそんななかから5つの高校の体育祭や文化祭の実行委員のみなさんに、各行事の特徴や魅力を語ってもらいました。これから行われる行事もあるので、志望校選びの一貫として行くのもよし、勉強の息抜きとして行くのもよし。ぜひ足を運んで、各校の活気あふれる行事を楽しんでください。

文化祭

東京都
私立
共学校

早稲田《わせだ》実業《じつぎょう》学校高等部

日　時：10月7日(火)
場　所：グラウンド
競い方：クラス対抗
公　開：一般公開あり

所在地：東京都国分寺市本町1-2-1
電話：042-300-2121
アクセス：JR中央線・西武線「国分寺駅」徒歩7分

【プログラム】
1 200m走
2 走り幅跳び
3 ハンドボール投げ
4 走り高跳び
5 100m走
6 60mハードル
昼休み
7 クラブ対抗リレー
8 大縄跳び
9 4人5脚リレー
10 メドレーリレー
11 大蛇の行進
12 騎馬戦
13 棒倒し
14 クラス対抗リレー

※昨年度のもの。今年度はメドレーリレーが玉入れに変更予定。

1～3　体育祭のトリ、クラス対抗リレーは各学年ごとに10クラスが一斉にスタート。
4・5　女子も騎馬戦や棒倒しを行います。
6　一致団結する声が聞こえてきそうです。
7　体育祭は広々とした人工芝グラウンドで行われます。

運動の得意・不得意に関係なく全員が盛りあがれる

ラスト3種目は応援にも力が入り、熱気が最高潮に達します！

体育祭実行委員長
綿引《わたびき》 亮太《りょうた》先生

「競技会的な特性と、運動会的な特性の両方を持ちあわせています」と綿引先生が語られるように、午前と午後で趣《おもむき》が異なるのが早稲田実業学校の体育祭の特徴です。

午前に行われる個人種目は、各クラスから選ばれた数名の代表選手が記録を競いあいます。「早実記録」と呼ばれる歴代新記録は毎年誕生し、早稲田実業出身の綿引先生もかつては走り幅跳びの早実記録保持者だったそうです。

午後の団体種目は、種目ごとに参加する人数はさまざまですが、団結力が試される種目が多く、9月中旬からは本番に向けて朝練習が解禁されます。多数の生徒が毎朝来ようとするため、練習可能曜日を学年ごとに定めたという話からも、練習段階から白熱している様子が伺えます。

体育祭の中心は教員と生徒から成る体育祭実行委員会です。実行委員には用具・審判など全部で10の係があります。あくまでも体育の授業の一貫という位置づけであり、さらに安全面を配慮する点から、教員が指導しますが、生徒実行委員が、運営・進行を行います。

また、運動が得意な子も苦手な子も楽しめるようにと、種目の選定が毎年行われます。まず、事前に各クラスにアンケートを配り、体育祭について話しあってもらった内容を教員が精査し、安全性や実現可能性を検討したうえで実施種目を決定します。まさに今年からの新種目・玉入れがアンケートで要望が多かったため採用された種目です。綿引先生は「玉入れはけがをしている子でも参加でき、かつ、安全面などの条件もクリアしていることから取り入れました。一方、騎馬戦や棒倒しは危険が伴う種目として、実施の有無が毎年協議されます。しかし、生徒の『絶対にやりたい』という声を尊重し、細心の注意を払いながら実施を継続しています」と話されます。

このように生徒の声が十分に反映され、全員が盛りあがれるよう工夫されているのが早稲田実業の体育祭なのです。

埼玉県　公立　女子校

埼玉県立 浦《うら》和《わ》第《だい》一《いち》女《じょ》子《し》高等学校

日　時：6月4日（水）
場　所：グラウンド
競い方：クラス対抗
公　開：非公開

所在地：埼玉県さいたま市浦和区岸町3-8-45
電話：048-829-2031
アクセス：JR京浜東北線ほか「浦和駅」徒歩8分、JR京浜東北線・武蔵野線「南浦和駅」徒歩12分

1　気合十分の（?）開会式でスタート！
2　3年生の「仮装行列」は後輩の憧れです。
3　「台風の目」は4人の息を合わせることが大切です。
4　砂ぼこりをあげながらタイヤを奪いあう「タイヤハンター」。
5　グラウンド中で熱い戦いが繰り広げられた騎馬戦。

【プログラム】
1 障害物競争
2 部同職員リレー
3 1年学年種目（台風の目）
4 2人3脚リレー
5 2年学年種目（タイヤハンター）
昼休み
6 3年学年種目（仮装行列）
7 騎馬戦
8 玉入れ
9 クラスリレー

3

2

1

5

4

生徒が作りあげる体育祭で、みんなが笑顔になる

工夫を凝らした仮装に注目してください。
実行委員になれば、体育祭をさらに楽しめます！
学年種目でクラスの団結力があがります。

体育祭実行委員 仮装パート長
柳田《やなぎた》 陽《みなみ》さん
（3年生）

体育祭実行委員長
鈴木《すずき》 佑菜《ゆうな》さん
（3年生）

生徒会長
杉本《すぎもと》 里奈《りな》さん
（3年生）

埼玉県立浦和第一女子の体育祭は、実行委員を中心に、生徒が主体となって作りあげていきます。実行委員は決勝・記録・招集パートなど、10パートに分かれ、基本的に3年間続けて活動します。テント設営などの力仕事もできるだけ教員の力を借りずに行っています。

「実行委員は1人ひとりが責任感を持って仕事をしています。そして、ほかの生徒たちはそれをわかってくれて、ありがとうと声をかけてくれます。体育祭は、そんな浦和一女生のよさを感じられる行事だと思います。」（杉本さん）

浦和一女の体育祭には学年種目があるのが特徴です。1年生は4人で棒を持ってカラーコーンの周りを走る「台風の目」、2年生はタイヤを奪いあう棒引きならぬ「タイヤハンター」、3年生は「仮装行列」です。仮装行列は、牛乳パックなどで作ったセットの前で、手作りの衣装を着て劇やダンスをします。

「先輩方の仮装行列を2年間見ていて、実際にやるのを楽しみにしていました。今年は、できるだけお金をかけずに家にあるものを使い、工夫して衣装やセットを作ろうと呼びかけました。パート長として、仮装行列にかかわれたことは嬉しく、やりがいもありました。」（柳田さん）

また、今年は生徒の要望から騎馬戦が行われました。1騎に1人ずつ実行委員がついて、勝負を見守る、という安全対策を実行委員長が考えたことで実現しました。

「騎馬戦は、迫力があるので見ている側も楽しめます。体育祭は競技する人、応援する人、どちらも楽しめることが大切だと思います。競技を重ねていくうちに、みんなの仲が深まって笑顔になれる、それが浦和一女の体育祭です。」（鈴木さん）

東京都
国立
共学校

東《とう》京《きょう》学《がく》芸《げい》大《だい》学《がく》附《ふ》属《ぞく》高等学校

辛夷《こぶし》祭《さい》

9月6日(土)〜8日(月)(8日は非公開)開催

自分たちで作り、そして楽しめる

所在地：東京都世田谷区下馬4-1-5
電話：03-3421-5151
アクセス：東急東横線「学芸大学駅」徒歩15分

東京学芸大学附属の文化祭は「辛夷祭」と呼ばれています。開催は毎年9月です。委員長や副委員長、さらにさまざまな役割を担う8つの課の課長8人の10人で構成される執行部(2年生)が辛夷祭運営の中核で、予算管理も含めて、生徒主体で進めていくことができるのが醍醐味です。

執行部のメンバーは1年前の辛夷祭が終わったあと、すぐに決まっていて、前年から準備は少しずつ進んでいきます。

そして、夏休みに入ると準備は佳境に入ります。毎日のようにたくさんの生徒が学校に集まって、練習をしたり、会場の準備を行っています。

各学年で出しものに特徴があり、1年が娯楽部門(お化け屋敷、縁日など)、2年が食品販売部門、3年が演劇です。また、中庭に設置される「中庭ステージ」では、10数組のバンドが演奏を披露します。

そのなかでも、とくに人気が高いのが演劇です。不公平がないように、練習場所も校内のさまざまな場所を各クラスで順番に回していくほど、みんなが熱心に練習をします。

さらに1日目と3日目が終わったあとにはそれぞれ「初夜祭」と「後夜祭」が。「初夜祭は3年生各クラスの演劇PRと、3年生のミスター&ミス東京学芸大附属の投票結果発表で、後夜祭は投票が一番多かった出しものに送られる『辛夷杯』の発表などがあります。」(西方さん)

「来場してもらっても楽しんでもらえると思います。でも、入学したらもっと辛夷祭を楽しめますよ!」(西方さん)、「1年間かけて準備したことが凝縮されるこの3日間は、見ていてとても感動します」(田中さん)と2人が話してくれたように、自分たちの手で作りあげ、そして目一杯楽しむことができるのが東京学芸大附属の辛夷祭です。

真っ暗ななかに
つける後夜祭の
ペンライトは
すごくキレイ!
今年の辛夷祭の
テーマは
『Breakthrough』です。

辛夷祭委員会副委員長
田中《たなか》 菜々水《ななみ》さん
(2年生)

辛夷祭委員会委員長
西方《にしかた》 優《ゆう》さん
(2年生)

1 昨年度の辛夷祭実行委員のみなさん。
2 食品販売は毎年盛況です。
3 屋外には各クラスの宣伝看板が並びます。
4 校門には迫力ある立て看板が。
5・6 今年の辛夷祭に向けての準備も始まっています。

東京都
私立
女子校

豊島岡《としまがおか》女子《じょし》学園《がくえん》高等学校

桃李祭《とうりさい》

11月2日(日)～3日(月祝)

所在地：東京都豊島区東池袋1-25-22
電話：03-3983-8261
アクセス：地下鉄有楽町線「東池袋駅」徒歩2分、
JR線ほか「池袋駅」徒歩7分

来場者の方々に楽しんでもらいたい

豊島岡女子学園の「桃李祭」は、クラブ活動全員参加の特色を活かし、クラブによる展示・発表が中心となっていることが特徴です。入場はチケット制ですが、受験生は受付で申し出れば入場できます。

文化祭はクラス単位で取り組む学校もありますが、豊島岡女子学園には当てはまりません。生徒は所属するクラブごとに準備をし、もしクラスメイトや友人同士でやりたいことがあれば、有志団体として参加できます。「有志団体での参加は、運営委員による審査を通過する必要があります。審査では、その企画を行う意義や安全性などが厳しく問われ、本当に来場者が楽しめる企画かどうか、みんな本気で考えています。」（矢髙さん）

桃李祭では、各クラブの出しものや、宝探しゲーム、スタンプラリーなど、受験生が楽しめる参加型企画もたくさんあります。豊島岡生による校内ツアー、運針体験、制服のネクタイ体験コーナーなども人気です。

毎年変わる装飾テーマによって飾りつけられる校舎内にも注目です。「今年のテーマは『FAIRY TAIL』、おとぎ話という意味です。美術部と装飾部門が作る門や階段の蹴上《けあげ》、垂れ幕などに注目してください。装飾テーマの募集や選考も生徒で行います。桃李祭のプログラムの表紙絵も生徒から募集し、今年からは、選ばれなかった表紙絵を飾る展示スペースも作りました。

お客さんから『すごいね』という感想を聞けるととても嬉しいです。ご来場のみなさんが楽しんでもらえることを第一に考えている豊島岡生の姿を見てください。」（矢髙さん）

「文化祭の前の10月12日には体育祭もあります。2学期に行事が集中しているので忙しいですが、やりがいがあります。」（内田さん）

1
2
3
4
5
6

1　受付では生徒が来場者を迎えます。
2・3　昨年は、バレエ同好会や吹奏楽部が舞台発表を行いました。
4～6　趣向をこらした展示・企画が来場者を楽しませます。

みなさんが
楽しめる桃李祭を
作ります！
運針体験や
ネクタイ体験も
できます！

桃李祭運営委員長
矢髙《やたか》 美帆《みほ》さん
（2年生）

運動会運営委員長
内田《うちだ》 彩夏《あやか》さん
（3年生）

東京都　公立　共学校

東京都立 青山《あおやま》高等学校

外苑祭《がいえんさい》

8月30(土)〜31日(日)

高いクオリティーの劇・演奏を体感できる

所在地：東京都渋谷区神宮前2-1-8
電話：03-3404-7801
アクセス：地下鉄銀座線「外苑前駅」徒歩3分、都営大江戸線「国立競技場駅」・JR中央線「信濃町駅」・「千駄ヶ谷駅」徒歩15分

東京都立青山の文化祭「外苑祭」は、1〜3年までの各クラスがミュージカル・演劇を行うことで有名です。1・2年生各7クラスと、3年生5クラス（理系クラスで女子が少ないクラスが合同で行うため）の計19組が、1公演80〜90分という本格的な上映時間で、1日4回上演します。

演目は元の脚本があるものが多いのですが、ときには脚本、音楽などすべてがオリジナルの作品を発表するクラスも出てきます。今年は3年6組が完全オリジナルの『プラシアの森』を上演します。

そんな外苑祭は立候補で選出される総務の生徒たちによって運営されています。副委員長の及川さんは「外苑祭は都立青山の特色の1つです。昨年も総務をやって、大変だったけどやりがいもすごくあったので今年は副委員長に立候補しました」とのこと。3年で委員を務める金子さんは「初めは誘われてなんとなく始めたのですが、総務にはおもしろい先輩も多かったし、雰囲気がすごくいいんです」と言います。

一番の目玉である各クラスのミュージカル・演劇以外に、体育館で文化部の発表も行われます。なかでも「青山フィルハーモニー」の演奏会は部自体の有名さもあって、こちらにも多くの観衆が集まります。高校生とは思えないクオリティーの出しものを「観て楽しめる」のが外苑祭の魅力です。

「3年生の劇は本当に質が高いし、1・2年生も夏休みのすべてを外苑祭にかけるぐらいの意気込みで練習・準備しています。ぜひ見に来てください。」（及川さん）

「劇はもちろんですが、外装や立看板も精魂込めて作っている人たちがいるので、そちらも注目してみてください。」（金子さん）

外苑祭委員会 総務 副委員長
及川《おいかわ》 菫《すみれ》さん
（2年生）

外苑祭委員会 総務 委員
（昨年副委員長）
田畑《たばた》 美和《みわ》さん
（3年生）

外苑祭委員会 総務 委員
金子《かねこ》 佳嗣《よしつぐ》さん
（3年生）

外苑祭委員会 総務 委員長
横溝《よこみぞ》 礼奈《れな》さん
（2年生）

毎年、外苑祭を見て「ここに入ろう」と思う人が何人もいるぐらい、とにかく雰囲気が最高です。

ユタと不思議な仲間たち

1 クラスごとのさまざまな演目を楽しめます。
2 立看板や外装にも力が入っています。
3 青山フィルハーモニーの演奏はとても人気があります。
4 演劇・立看板・外装はそれぞれ大賞を決めて表彰を行います。

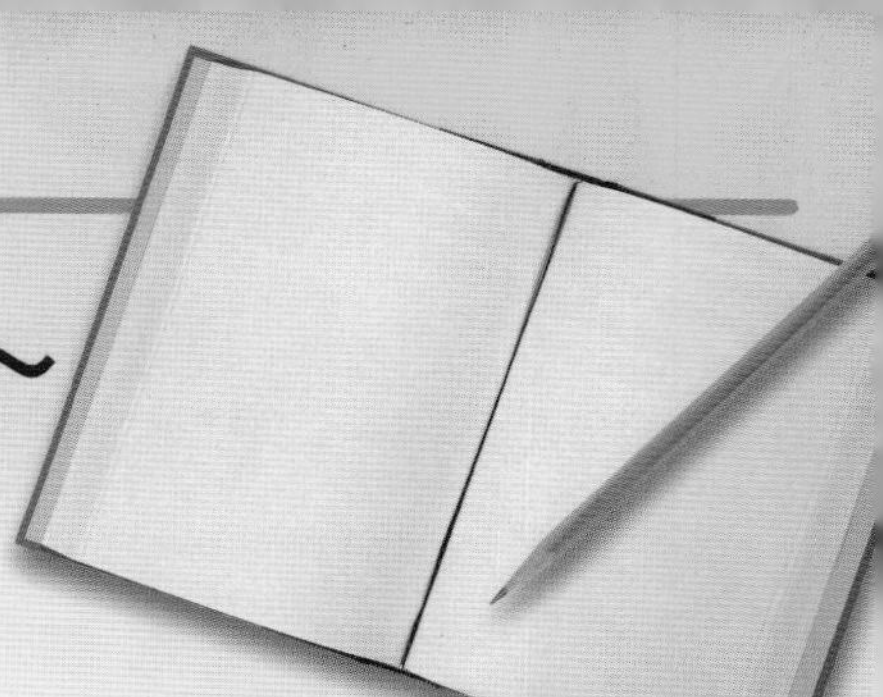

東大手帖 ～東大生の楽しい毎日～

現役東大生が東大での日々と受験に役立つ勉強のコツをお伝えします。

スマートフォンとの上手なつきあい方

Vol.06

text by 一(イチ)

スマートフォン（スマホ）がいよいよ生活に浸透し、どこへ行ってもスマホに夢中な人々を見かけます。大学へ向かう昼下がりの電車で、ふと、同じ車両でスマホに触れている乗客を数えてみました。45人中38人。これは「男子ばかり」と言われる東大の男子比率（50人中約41人）よりも高い割合です。電車が新宿に止まろうが御茶ノ水に止まろうが、ほとんどの乗客の視線は一向に動きません。ほかにも、定食屋でスマホをいじりながらご飯を食べる人、サッカースタジアムで試合を見ずにスマホを触っている人、先日はスマホを見ながら自転車を運転している学生まで見かけました。こんな人はさすがに稀《まれ》ですが、スマホ依存の人は確実に増えていると思います。みなさんも気づけばスマホに時間を取られていませんか。「スマホばかり触っていないで勉強しなさい！」などとよく言われるかもしれませんが、ぼくはあえて「スマホを勉強に活かしてほしい！」と主張します。

スマホは英単語の暗記に最適です。音声が出るので、目と耳から単語を覚えることができ、高校受験で多く出題されるリスニングの対策にもなります。まずおすすめするのは、「えいぽんたん！」という英単語アプリ。英単語を学習しながらキャラクターを育てていくアプリで、一見普通の問題集に見えますが、テストの結果で問題レベルが上下するので、「難しすぎる」「簡単すぎる」ということがありません。また、勉強を続けてレベルがあがっていくとキャラクターが卒業するという設定もおもしろいです。私がアルバイトとして働いている塾の生徒に紹介したところ大好評だったので、だれが１番に卒業できるか、友だち同士で競いあいながらやってみるのも楽しいでしょう。

次に、外国語のニュースを無料で聴けるアプリ「NHK WORLD RADIO JAPAN」もとてもおすすめです。中学生には少し難しいかもしれませんが、「生の英語」に手軽に触れられるので、英語が得意で意欲のある人はぜひチャレンジしてみてください。NHKのニュースなので内容が理解しやすく、字幕もあるので、リスニング力をつけるにはうってつけです！

また、国語の読解対策にもスマホは活かせます。普通の本を読むことに抵抗はあっても、ウェブサイトはさくさく読めるという人におすすめなのが、いま話題の電子書籍。例えば、Amazonの「Kindle」というアプリをダウンロードすれば、ウェブサイトと同じような感覚で本を読むことができます。無料で読めるものも多く、夏目漱石の『こころ』や太宰治の『人間失格』、堀辰雄の『風立ちぬ』など名作ぞろいですので、スマホで小説を読み、読解力をつけてみてはいかがでしょうか。

ここまでスマホのよさを語りましたが、やっぱり、ときにはスマホから離れてほしいです。スマホが普及してから、人々は周りの世界をあまり見なくなった気がします。「東大生人気ブロガー」の友人は、通学電車の窓の外でずっと工事していた虎ノ門ヒルズの存在を、デジタル新聞で初めて知ったそうです。思えばぼくも、電車の窓の外の景色をあまり見なくなりました。

情報が氾濫《はんらん》している現代だからこそ、当たり前の景色を見失ってしまいます。１日くらいスマホを家に置き、顔をあげて、耳を澄ましてみましょう。いつもの通学路で新しい発見があるかもしれないし、身近なところで新しい恋が始まるかもしれません。スマホもおもしろいですが、みなさんの周りの世界にはもっとおもしろい、知らないものがあふれていますよ。

知って納得！ 覚えて楽しい！

英語でことわざ

英語と日本語、言葉は違うけれど、同じ意味を持つことわざや慣用句がたくさんあることを知っているかな。今回は、覚えておくと勉強になる英語のことわざをクイズ形式で紹介するよ。英文を読んで、どんな意味のことわざなのか、推理してみよう！

初級編

まずは易しいものから。
直訳がそのまま日本語のことわざになるよ。

１～４の英文と同じ意味になる日本語のことわざをそれぞれ考えてみよう

1 A drowning man will catch at a straw.

2 All is well that ends well.

3 Walls have ears.

4 Good medicine tastes bitter.
☛medicine　薬

中級編

少し難しくなるよ。
直訳してどんなことわざを表しているか推理しよう。

１～４の英文と同じ意味になる日本語のことわざを右から選んで線でつなげてみよう

1 It is no use crying over spilt milk. •
☛It is no use ～ing　～してもムダだ　spil　こぼす

2 A bad workman always blames his tools. •
☛blame　非難する・とがめる

3 Birds of a feather flock together. •
☛flock together　群れをなす

4 The early bird catches the worm. •

• 類は友を呼ぶ
• 覆水盆に返らず
• 弘法は筆を選ばず
• 早起きは三文の徳

上級編1

上級編でさらに力試し！
四字熟語に言い換えてみよう。

1～4の英文と同じ意味になる四字熟語を右から選んで線でつなげてみよう

1 **Kill two birds with one stone.** •　　• 呉越同舟

2 **Cry wine and sell vinegar.** •　　• 一石二鳥
☛vinegar　酢

3 **Different strokes for different folks.** •　　• 羊頭狗肉
☛stroke　漕法・泳法・手法　folk　人々

4 **Bitter enemies in the same boat.** •　　• 十人十色
☛a bitter enemy　憎い敵

上級編2

さらに推理力の必要な問題だよ。
頭をやわらかくして考えてみよう。

1～4の英文と同じ意味になる日本語のことわざを右から選んで線でつなげてみよう

1 **When in Rome, do as the Romans do.** •　　• 郷に入っては郷に従え
☛Romans　ローマ人

2 **Don't count your chickens before they are hatched.** •　　• 虎穴に入らずんば虎児を得ず
☛hatch　卵をかえす・孵化する

3 **No pain, no gain.** •　　• 毒を以《もっ》て毒を制す
☛gain　もうけ・利益

4 **The smell of garlic takes away the smell of onions.** •　　• 捕らぬ狸の皮算用

答えは次のページにあります

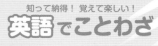

解　答

初級編

1　溺れる者はわらをもつかむ
2　終わりよければすべてよし
3　壁に耳あり障子に目あり
4　良薬は口に苦し

中級編

1 It is no use crying over spilt milk.	類は友を呼ぶ
2 A bad workman always blames his tools.	覆水盆に返らず
3 Birds of a feather flock together.	弘法は筆を選ばず
4 The early bird catches the worm.	早起きは三文の徳

1　覆水盆に返らず
直訳…こぼれたミルクを嘆いてもムダだ

2　弘法は筆を選ばず
直訳…下手な職人はいつも道具のせいにする

3　類は友を呼ぶ
直訳…同じ羽色の鳥は群れをなす

4　早起きは三文の得
直訳…朝早い鳥は虫を捕まえる

上級編1

1 Kill two birds with one stone.	呉越同舟
2 Cry wine and sell vinegar.	一石二鳥
3 Different strokes for different folks.	羊頭狗肉
4 Bitter enemies in the same boat.	十人十色

1　一石二鳥
直訳…1つの石で2羽の鳥を殺す

2　羊頭狗肉
直訳…ワインだと叫んで酢を売る

3　十人十色
直訳…違った人には違った方法

4　呉越同舟
直訳…宿敵同士が同じ船にいる

上級編2

1 When in Rome, do as the Romans do.	郷に入っては郷に従え
2 Don't count your chickens before they are hatched.	虎穴に入らずんば虎児を得ず
3 No pain, no gain.	毒を以て毒を制す
4 The smell of garlic takes away the smell of onions.	捕らぬ狸の皮算用

1　郷に入っては郷に従え
直訳…ローマではローマ人のするようにしなさい

2　捕らぬ狸の皮算用
直訳…卵がかえる前にヒヨコを数えるな

3　虎穴に入らずんば虎児を得ず
直訳…痛みが無ければ得るものなし

4　毒を以《もっ》て毒を制す
直訳…ニンニクの匂いでタマネギの匂いを消す

英語でことわざクイズ、みんなわかったかな？
英語のことわざはほかにもたくさんあるので
興味を持った人は調べてみてほしい。
自分で問題を作ってみるのもいいね！

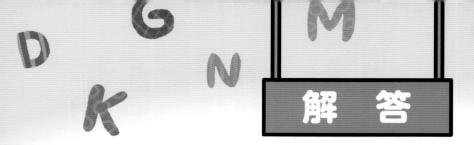

SCHOOL EXPRESS

渋谷教育学園幕張高等学校

SHIBUYA KYOIKU GAKUEN MAKUHARI SENIOR HIGH SCHOOL

千葉県　千葉市　共学校

「自調自考」の教育を大切に 生徒の夢や挑戦を全力でサポート

学習の羅針盤としてシラバスを活用しながら､「自調自考」の姿勢を育てる教育で、確かな学力を培っています。創立以来、国際理解教育に力を入れており、今年、ＳＧＨ（スーパーグローバルハイスクール）に指定されました。さまざまな活動に積極的に取り組んでいる生徒が多く、広い視野を持った人材が育成されています。

田村《たむら》 聡明《としあき》 副校長先生

3つの教育目標を大切に 新たな歴史を刻む

渋谷教育学園幕張高等学校（以下、渋谷教育学園幕張）は、千葉県の幕張新都心の文教施設が集まる一角、「学園の町」に1983年（昭和53年）に創立されました。2013年（平成25年）には、創立30周年を迎え、その記念事業として新校舎が竣工され、新たな歴史を刻んでいます。

渋谷教育学園幕張は教育目標として次の3つを掲げています。

1．自調自考の力を伸ばす

「自らの手で調べ、自らの頭で考える」何事にもあきらめることなく、積極的に取り組むことのできる人間の育成を目指します。

2．倫理感を正しく育てる

　自分の立場だけでなく他をも尊重すること、知識だけではなく行動に示せること、人として何が正しく、何が善であるかを判断する力を身につける「感性」の成長をはかります。

3．国際人としての資質を養う

　海外留学や、帰国生・留学生の受け入れ、外国人や社会人の先生、海外との文化交流など、幅広い教養を身につける環境があります。

　田村聡明副校長先生は「3つの教育目標は、21世紀に活躍する人材を育成するために、開校時から掲げているものです。

　また、本校には中学校があり、中1から高3までいっしょのキャンパスで学んでいます。年齢の離れた生徒同士の交流により生まれる刺激が、それぞれの成長につながっています」と話されました。

シラバスを活用し 充実の3年間を送る

　渋谷教育学園幕張には、中学校から入学してくる中入生と高校から入学する高入生がいます。1年次は別クラス編成とし、2年次から混合クラスとなります。

　カリキュラムは、1年次は共通履修で学び、2年次から文系・理系のコースに分かれます。3年次は文系・理系ともに、進路方向によって選択科目が用意されています。

「高入生は2年次までに中入生の学習進度に追いつかなければいけないので、1年次はとても大変です。しかし、勉強以外の時間も大切にしてほしいので、補習はあまり多く実施せず、授業を基本にしています。

　2年次で文系・理系に分かれますが、どちらも全教科を学び、基礎的な教養を身につけられるように配慮しています」と話されました。

　渋谷教育学園幕張のシラバスは、教科間の垣根を取るという考えに基づき作られています。

　生徒は、シラバスを見ることで、高校の3年間をどのように学んでいくのか、自分はいまなにを学んでいるのか、ということを把握しながら勉強を進めていくことができます。

　教員は、担当教科以外の進度を知ることができます。数学で学んでいることに関連した事柄を物理の授業で扱うなど、生徒の関心を高めるために教科の連携を図っています。

生徒の成長を促す「自調自考論文」

　渋谷教育学園幕張の特徴ある取り組みの1つに開校以来続けられている「自調自考論文」があります。

　これは、高1から2年以上をかけて取り組む高校の卒業論文です。自分でテーマを設定し、担当教員の指導のもと、文献などを調べながら研究を深めていきます。テーマによっては、外部講師や大学の教授に指導してもらう場合もあります。テーマや論文の文字量、形式などは生徒が自由に決め、最終的には校長先生に提出します。

「これは教育目標の『自調自考』を実践する取り組みの1つです。」

　提出される論文は詩や小説、英語や音符を使ったものなど、生徒1人ひとりの個性があふれています。テーマを決めるにあたって、生徒たち

部活動

ドリルチーム部

インターナショナル同好会

弓道部

剣道部

勉強に励みながら、部活動も頑張る生徒が多くいます。2013年春に完成した新校舎には、新たに弓道場が備えられ、弓道部は活動にますます力が入っています。

学校生活

教科の連携を図った日々の授業、第2外国語講座など、さまざまな教育プログラムを用意しています。行事も生徒主体で行われ、自調自考の精神を育てています。

国語の授業

スペイン語講座

スポーツフェスティバル

マルチメディア教室を使った授業

カフェテリアでの昼食

はいま自分がどのようなことに関心を持ち、どのようなことを学びたいのかと自問自答することになります。それは自分自身を知ることにつながります。

　高校時代に自分の考えを自分の言葉で表現していく経験をすることは、生徒たちにいい影響を与えていると思います。

　卒業生のなかには、研究者になって、この自調自考論文のテーマを生涯の研究テーマとしている生徒もいます。」（田村副校長先生）

国際理解教育の実績から SGHの指定校になる

　渋谷教育学園幕張は国際理解教育における実績が評価され、今年（2014年）文部科学省より、SGH（スーパーグローバルハイスクール）に指定されました。その活動をご紹介しましょう。

　まず、第2外国語として、希望者を対象に、中国語・フランス語・スペイン語・ドイツ語・ハングルの講座が開講されています。

　短期海外研修は、高1・高2の希望者を対象に、アメリカやイギリスなど5カ国で実施されています。語学学習はもちろん、現地の文化や歴史などを学び、日本文化への認識を深めることも目的としています。

　長期留学は、英語圏の交換留学制度があります。現地の高校で取得した単位は、帰国後、渋谷教育学園幕張の単位として認定されるので、留年することなく3年間で卒業することが可能です。

　また、渋谷教育学園幕張は1910年（明治43年）に始まったハーバード・ブック・プライズの推薦対象校になっています。これは、ハーバード大卒業生会であるハーバードクラブが選んだ高等学校の成績優秀者に贈られる賞です。毎年、高2の終了式に表彰されています。

　ほかにも、高校模擬国連国際大会に、日本代表団の一員として6年連続で派遣され、今年度は最優秀賞を獲得するなど、すばらしい結果を残しています。

「本校には、ボランティア活動をしたり、コンテストに参加したりと、学外でもさまざまな活動をしている生徒がたくさんいます。

　勉強だけでなく色々なことに一生懸命取り組んでいる生徒が、最終的に希望の大学へ合格し、次のステップへ羽ばたいていると感じています。積極的に物事に挑戦しながら、国際的な視野を持った人間に成長してほしいです。」（田村副校長先生）

学校施設

第１グラウンド

理科棟・研究室

理科棟には物理・地学、生物、化学の分野別に研究室・準備室があり、実験に必要な設備を整えています。

図書館

第２啓発室

コンピュータ室

ICTセミナー室

メモリアルタワー

2013年春に新校舎「メモリアルタワー」が完成し、12万冊を収容できる図書館やＩＣＴセミナー室など、学習環境がさらに充実しました。

高い合格実績 海外大学進学も支援

進路進学指導では、1年次に「進路のガイダンスα」、2年次に「進路のガイダンスβ」、3年次には「進学要覧」が配られ、学年ごとに必要となる情報が提供されています。講演会で著名人の話を聞く機会も設けられています。定期的に模試を実施し、生徒１人ひとりの成績カルテで学習の状況を把握しています。

ほかにも夏期講習や進学希望者の多い東京大の受験に対応するための特別理科授業など、受験へのサポート体制も充実しています。

毎年難関大学へのすばらしい合格実績をあげているほか、近年、海外の大学へ進学する生徒も増えており、専任のカウンセラーを置いて海外大学進学も支援しています。

２０１３年（平成25年）には新校舎の「メモリアルタワー」が完成し、図書館やＰＣ関連教室などの拡充が行われました。新たな教育環境のなかで、21世紀を支える人材が育成されています。そんな渋谷教育学園幕張高等学校はどのような生徒を待っているのでしょうか。

「夢を持って色々なことにチャレンジできる生徒を待っています。

本校は授業を含め、さまざまなプログラムを用意しています。参加するだけではなく、それを自分のものにするぐらいの貪欲さを持ってください。我々教職員は生徒の夢や挑戦を全力で応援します。」（田村副校長先生）

School Data

所在地　千葉県千葉市美浜区若葉1-3

アクセス　JR京葉線「海浜幕張駅」徒歩10分、京成線「京成幕張駅」徒歩14分、JR総武線「幕張駅」徒歩16分

生徒数　男子720名、女子331名

TEL　043-271-1221

URL　http://www.shibumaku.jp/

3学期制　週6日制

月曜～金曜6時限、土曜4時限　50分授業

1学年10クラス　1クラス約40名

2014年度(平成26年度)大学合格実績（　）内は既卒

大学名	合格者	大学名	合格者
国公立大学		私立大学	
北海道大	6(0)	早大	157(59)
東北大	5(3)	慶應大	136(43)
筑波大	13(2)	上智大	41(11)
千葉大	28(7)	東京理科大	94(39)
東京大	48(18)	青山学院大	11(8)
一橋大	12(4)	中大	26(18)
東京医科歯科大	4(1)	立教大	23(14)
東京工大	6(1)	明治大	80(49)
東京農工大	4(2)	法政大	16(9)
横浜国立大	4(2)	順天堂大	14(6)
京都大	4(2)	東京慈恵会医科大	8(7)
その他国公立大	49(20)	その他私立大	137(83)
計	183(62)	計	743(346)

緑ヶ丘女子《みどりがおかじょし》高等学校

School Data

所在地
神奈川県横須賀市緑が丘39

生徒数
女子のみ305名

TEL
046-822-1651

アクセス
京浜急行線「汐入駅」徒歩５分、JR横須賀線「横須賀駅」徒歩15分

URL
http://www.midorigaoka.ed.jp/

豊かな自然のなかで伸びのびと過ごす

緑ヶ丘女子高等学校（以下、緑ヶ丘女子）はその名の通り、緑あふれる小高い丘に位置しています。建学の精神には、純粋なまごころを持ち続けるという意味の「至誠一貫」を掲げ、自然豊かな環境のもと、3つのコースそれぞれできめ細かな教育を実践しています。

「特進コース」は志望する大学への現役合格をめざし、高い学力を養成するコースです。とくに英語教育に力を入れており、2年次には週10時間を英語の授業にあてています。また、少人数制の特講（ゼミナール）では、1人ひとりに対して丁寧な入試対策が行われています。

自分自身と向きあい、将来の夢をじっくり探すことができるのが「普通コース」です。進路選択に役立つキャリア教育や、多彩な選択科目の受講を通して、自分の進路を絞り込んでいきます。緑ヶ丘女子にはさまざまな進路に対応できるサポート体制が整っているため、進みたい道が見つかれば、夢の実現に向けて全力で邁《まい》進《しん》することができます。

神奈川県で唯一、緑ヶ丘女子だけに設置されている「幼児教育コース」は、ピアノや童謡のレッスンをはじめとする実技指導が充実しています。3年間で最大30日間行える保育園・幼稚園実習制度があり、また、幼児系教育校への指定校推薦も豊富にあります。

バラエティ豊かな 緑ヶ丘女子独自の課外活動

放課後や土曜日などを活用して、多種多様な課外活動が展開されているのも緑ヶ丘女子の魅力です。

週に1回、放課後に行われている自由参加の「イマージョン教育」がその代表です。ネイティブの先生のもと、英語だけを使ってゲームや学習をする時間で、楽しみながら英語に慣れ親しむことができます。

「土曜講座」は毎週土曜に実施されています。スポーツ、料理、工作教室といった教養を深める講座から、普段の勉強の補習を行う講座、資格の取得や検定の合格をめざす講座、入試対策講座など、内容は多岐にわたっています。

また、「ボランティアとは人に尽くすのではなく学ぶことであり、そこから自分が得るものが多い」ことを理解してほしいという願いから、ボランティア活動への積極的な参加も促しています。生徒会や各クラスの福祉委員を中心に高齢者施設への訪問や、募金運動を行うほか、土曜講座でも有志によってさまざまなボランティアが実施されています。

緑ヶ丘女子高等学校の生徒たちは、各コースでの学習や課外活動を通して、充実した学校生活を送っています。

駒澤大学《こまざわだいがく》高等学校

School Data

所在地
東京都世田谷区上用賀1-17-12

生徒数
男子814名、女子762名

TEL
03-3700-6131

アクセス
東急田園都市線「桜新町駅」・「用賀駅」徒歩13分、小田急線「千歳船橋駅」バス

URL
http://www.komazawa.net/

心の教育を大切に、生徒の可能性を伸ばす

2つのコースで生徒の希望進路を実現

駒澤大学の付属高である駒澤大学高（以下、駒大高）は「行学一如」を建学の精神として、心身両面を育てる教育を行っています。勉強や部活動、行事などの学校生活に励みながら、思いやりやお互いを認めあう心を育て、コミュニケーション能力を養っていきます。

1年次は、幅広く全教科を学び、基礎学力をしっかりと育成します。ホームルーム前に行われる10分間の「朝学習」や定期的に実施される小テストで学習内容を定着させながら、自ら学ぶ姿勢を身につけていきます。

2年次からは、駒澤大へ進むことを基本とする「進学コース」と他大学進学を希望する「受験コース」の2つに分かれます。

「進学コース」では、駒澤大の教授による模擬授業が実施されるので、自分の興味や適性を見極めながら、進学する学部を選択することができます。また、3年次には進学する学部別に学習し、実際に駒澤大で学部の講義に参加します。入学前に大学の学習に触れることができるのは付属校ならではの魅力でしょう。

「受験コース」は、進路に合わせて文系・理系に分かれ、国公立大や早稲田大・慶應義塾大などの難関私立大、G-MARCHへの合格をめざします。授業は少人数で実施され、受験科目に対応した選択科目が用意されているので、合格に向けた学力を確実に養っていくことができます。

また、小論文や面接の指導も行われ、長期休暇には特別講習も実施されるなど、他大学受験をする生徒をしっかりと支えていきます。

行事や部活動を通じて豊かな人間力を育む

禅の教えを教育の基盤とする駒大高では、永平寺と總持《そうじ》寺を訪れ、境内の清掃を手伝ったり、精進料理を食べたりする校外学習や、希望者を対象に体育館で1週間坐禅修行をする「臘八摂心《ろうはつせっしん》」などの行事が行われています。

このような宗教を通じた心の教育を大切にすることで豊かな人間力を育てていきます。

また、全国レベルの部活動も多く、活発な活動と学業を両立しながら自己を磨いています。文化祭などの行事も活気があり、学校が一体となって盛りあがります。このように学業・日々の生活のすべてに精一杯取り組む姿勢を育て、生徒の可能性を伸ばしている駒澤大学高等学校です。

倉《くら》田《た》 朋保《ともやす》 校長先生

東京都立 国《こく》分《ぶん》寺《じ》高等学校

共学校

自分の力を最大限に発揮し「夢」の実現をめざす

国分寺高等学校では、進学重視型単位制高校の特色が活かされ、進路選択に結びつく選択科目の設置や、きめ細やかな習熟度別少人数授業が展開されています。生徒が自らの夢や進路実現に向けて主体的に取り組むことのできる教育活動が実践されています。

『知・情・意』を兼ね備えた人間育成

東京都立国分寺高等学校（以下、国分寺高）の創立は、1969年（昭和44年）。当時の国分寺市は、宅地化が進み、人口急増期にあったため、都立高校の設立を希望する声が多くあがっていました。こうした、国分寺市民の強い要望と都民の期待を後押しに開校されたという経緯があります。2002年（平成14年）には進学重視型単位制高校へ改編され、校舎も全面改築となりました。そして2007年（平成19年）、進学指導特別推進校に指定されました。

教育目標は、『知・情・意』を兼ね備えた人間の育成」です。「知・情・意」については、次のような説明がされています。

「知」…聡《さと》くひろやかな知恵（物事

を広く深く考えて得ることができる知恵）

「情」…直《なお》く豊かな情「こころ」（真っ直ぐで、やさしさや思いやりなどの豊かな心）

「意」…強くたかやかな意志（高い志とどんな困難にも負けない強い意志）

倉田朋保校長先生は「『知・情・意』という言葉には、生徒たちにバランスのとれた人間に育ってほしいという思いが込められています。学力である「知」、学校行事や部活動を通して心を育む「情」、そして強い意志でこれらのことに全力で取り組むことを表す「意」の3つを、グローバル社会でリーダーシップを発揮できる人物を育成するための教育目標としています。こうした志は、開校以来受け継がれ、文武両道の校風として根づいています。本校の生徒は、勉強、学校行事、部活動、どれも真剣に取り組んでいます。『二兎を追うものは一兎をも得ず』ということわざがありますが、本校の場合は、『二兎を求めて二兎を得よう』と言い換えています。そして、高校生活のさまざまな体験から得た充実感や達成感をいしずえに進路実現に挑み、自己実現を図ってほしいのです」と話されました。

学校生活

授業風景

進学重視型単位制高校である国分寺高。1人ひとりの進路に対応した科目履修が可能です。行事も部活動も盛んで、生徒たちは充実した高校生活を送っています。

新入生歓迎会

オーストラリア・ハレットコーブ校との交流

幅広い選択科目と習熟度別少人数授業

カリキュラムは、1年次は全員が共通履修で、2年次に文系・理系に分かれ、一部の科目で選択授業が行われます。3年次は選択科目がさらに幅広く設定され、各人の進路に合わせて科目を選び、自分の時間割を作る形で履修します。このように、3年次に選択科目が多く設けられていることも、進学重視型単位制高校である国分寺高の特色です。

さらに特徴的なのは、習熟度別少人数授業です。1～3年まで、国語・数学・英語の3教科で2クラス3展開の授業が行われています。具体的には、1年次は国語総合(古典分野)・数学Ⅰ・英語表現Ⅰ、2年次は古典B・数学Ⅱ・英語表現Ⅱ、3年次は英語表現Ⅱで実施されています。

細やかな教科指導の一環として、毎回の授業で習慣的に行われる小テストがあげられます。1・2年生で実施される小テストは、授業の始まりの5分間に行われます。出題はおもに前回の授業で学んだ内容からとなるため、小テストの結果によって、授業内容がきちんと定着されているかを確認することができます。

たった5分間のテストではありま

すが、積み重ねることによって、基礎学力をつけられるのです。また、小テストの結果により学習内容の定着が不十分であると判断された場合は、昼休みや放課後などを使って指名制の補習が実施されるなど、フォローアップにも活かされています。

夏休みや冬休みなどの長期休業期間には、補習や講習が実施されます。年間で100を超す講座が計画されており、2013年度（平成25年度）は1年次15講座・2年次22講座・3年次89講座でした。

2年生の冬休みには、希望者を対象とした宿泊を伴う「冬期集中セミナー」があります。また、こうした長期休業明けには課題テストが実施されており、休業中であっても、課題テストという目標をめざして勉強に取り組むことができるのです。

国際交流では、オーストラリアでの語学研修があります。オーストラリア・マリオン市のHallet Cove School（ハレットコーブ校）との交流事業が行われています。

「1年生の希望者15名が、春休みに約10日間のオーストラリア語学研修へ参加し、ホームステイをしながらハレットコーブ校との交流を行います。また、毎年9月にはハレットコーブ校の生徒が来日しますので、語学研修に行けなかった生徒も、この機会に国際交流を体験でき、異文化への理解を深められます。」（倉田校長先生）

木もれ陽祭

国分寺高最大の行事といえば、木もれ陽祭です。合唱祭、文化祭、体育祭を連続して一気に行う迫力あるもので、一生の思い出となります。

体育祭

文化祭・校内風景

文化祭・演劇発表

文化祭・書道部のパフォーマンス

文化祭後に行われる中夜祭

将来と真摯に向きあう多彩な進路指導

進路指導も充実している国分寺高。1年次は「幅広い学習に取り組み、進路の視野を広める」、2年次は「視野を広げ、進路志望を選択し学習する」、3年次は「進路志望を確立し、実現に取り組む」という「進路実現のための3カ年プラン」という体系的な進路指導計画が立てられています。

「各学年では、実力テストとして、年に数回全国模試を実施しています。生徒の現在の実力を把握するためには、校内だけではなく、こうした外部の模擬試験も利用した方が確かなデータを得られるためです。また、模試のあとには結果分析を行い、生徒は各自の弱点や課題と向きあい、教員はデータを進路指導に活かすとともに、授業内容の工夫や改善に取り組みます。成績だけ見て一喜一憂するのではなく、結果を分析して今後に役立てて行くことをめざしているのです。」（倉田校長先生）

キャリア教育としては、社会人講

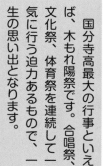

師による進路講演会や、近隣の大学の授業に参加するプログラム、卒業生に合格体験談を語ってもらう機会など、さまざまな取り組みが実施されています。

6日間続く行事「木もれ陽祭」

学校行事や部活動も活発な国分寺高。代表的な学校行事といえば「木《こ》もれ陽《び》祭」です。これは、合唱祭、文化祭、体育祭を連続して一気に行う行事です。1日目は合唱祭、2日目は文化祭の準備、3・4日目が文化祭（4日目午後には中夜祭を実施）、5日目が文化祭の片づけと体育祭の準備、6日目が体育祭と、6日間続けて実施されます。合唱祭・文化祭・中夜祭・体育祭、それぞれ実行委員がおり、全校生徒が一体となって取り組みます。大変だからこそやり遂げた達成感も強く、「木もれ陽祭」での感動体験は、一生の財産となるに違いありません。

こうして、進学指導特別推進校として進学実績を伸ばしながら、学校行事や部活動などで豊かな人間性が育まれている国分寺高。「生徒たちには、『甘えのなかで堕落するな、厳しさのなかで磨け』と話しています。本校の高校生活は充実しています。その経験から自分のよさや可能性を見出し、大学へ、そして社会へ飛び出して行ってほしいと思います。何事にも全力で取り組む熱意ある生徒さんを待っています」と、倉田校長先生は話されました。

部活動

吹奏楽部

野球部

女子バレー部

ソフトボール部

女子サッカー部

剣道部

男子サッカー部

青春を彩る部活動。さまざまな部や同好会が活発に活動しています。なかには兼部する生徒もいるほどです。

School Data

所在地	東京都国分寺市新町3-2-5
アクセス	JR中央線「国立駅」バス・徒歩20分、西武国分寺線「恋ヶ窪駅」バス・徒歩25分
TEL	042-323-3371
生徒数	男子484名、女子477名
URL	http://www.kokubunji-h.metro.tokyo.jp/

✣3学期制　✣週5日制
✣月・火・木・金曜6時限、水曜7時限、土曜4時限（年間20回）　✣50分授業
✣1学年8クラス　✣1クラス40名

2014年度（平成26年度）大学合格実績 （ ）内は既卒

大学名	合格者	大学名	合格者
国公立大学		私立大学	
北海道大	3(2)	早大	52(20)
東北大	2(1)	慶應大	18(7)
筑波大	5(1)	上智大	26(6)
千葉大	4(2)	東京理科大	41(21)
埼玉大	5(1)	青山学院大	36(3)
東京大	1(1)	中央大	60(10)
東京工大	4(1)	法政大	95(22)
東京外大	5(0)	明治大	91(28)
東京学芸大	9(2)	立教大	47(11)
一橋大	2(1)	国際基督教大	1(0)
横浜国立大	6(1)	学習院大	12(1)
京都大	1(0)	津田塾大	13(0)
その他国公立大	70(18)	その他私立大	404(76)
計	117(31)	計	896(205)

和田式教育的指導

中学生のうちから将来について考えることは勉強の動機づけにつながる

夏休みが終わるといよいよ2学期。これからは本格的な受験シーズンに入ります。今回の「和田式教育的指導」は、ちょっと趣を変えて、高校受験と勉強することの意味についてお話ししようと思います。高校受験から始まる自分の将来について考えてみてください。

高校受験と大学受験 その違いとは

受験生のみなさん、勉強の進み具合はいかがですか？ ある程度受験勉強の見通しが立ってきたという実感がある人もいるのではないでしょうか。勉強をうまく進められているのならいいのですが、逆の場合は志望校を変更することも具体的に考え始めているかもしれません。

もうすぐ始まる2学期からは、より本格的に志望校を見据えた受験勉強となります。しかし、志望校を変えなければならないとなると、やる気が出にくくなるかもしれません。モチベーションを維持するためにも、ここでいま一度「なぜ受験勉強をするのか」ということについて考えてみましょう。

大学受験は、「この大学に入って法律について学びたい」「医学部に入って医者になりたい」というように、自分の将来に直結する大学や学部を選んで受験します。

また、高校では、大学受験や将来を考えるキャリア教育に取り組みます。高校1年次から3年間かけて計画的に実施する学校が多いので、自然な形で、大学受験と自分の将来の結びつきを強く意識することができるのです。

しかし高校受験の段階では、高校生ほど、将来を見据えたキャリア教育や進路指導は行われません。そのため、自分の夢や将来について、漠然としたまま受験勉強に取り組んでいる人が多いのではないでしょう

Hideki Wada

和田秀樹

1960年大阪府生まれ。東京大学医学部卒、東京大学医学部附属病院精神神経科助手、アメリカのカールメニンガー精神医学校国際フェローを経て、現在は川崎幸病院精神科顧問、国際医療福祉大学大学院教授、緑鐵受験指導ゼミナール代表を務める。心理学を児童教育、受験教育に活用し、独自の理論と実践で知られる。著書には『和田式　勉強のやる気をつくる本』（学研教育出版）『中学生の正しい勉強法』（瀬谷出版）『難関校に合格する人の共通点』（共著、東京書籍）など多数。初監督作品の映画「受験のシンデレラ」がモナコ国際映画祭グランプリ受賞。

か。こうした気持ちでは、「なんとなくこの辺のレベルの高校でいいや」というように、適当なところで妥協しがちであると感じます。

中学生のときから将来のビジョンを考える

中学生のみなさんは、将来の職業について、まだまだ遠いことのように感じるでしょう。しかし、本当はいまから将来へのビジョンを意識してほしいのです。

最近強く感じるのは、中学生の多くは、世の中にどのような職業があり、その職業に就くためにはどんな勉強をして、どんな資格が必要なのかということを、あまりよくわかっていない人が多いということです。

例えば、医者になるには医師の国家資格が必要なので国家試験を受験しますが、その国家試験を受けるには医学部を卒業しなければなりません。このように、職業によって必要な学歴や資格が異なります。大学受験や就職はまだ先のことですが、中学生の時期からこのように職業についての知識を得ておくことは大切なことなのです。

憧れている職業やなりたい職業があるのなら、図書館で調べたり、インターネットで検索してみてください。「パイロットになって旅客機を操縦してみたい」「女性の弁護士さんが素敵だから自分もなりたい」、そんな動機でもいいのです。調べていくと、そういう職業につくためには勉強が必要だと気がつくはずです。高校受験の勉強も将来につながっていることを忘れないでください。

和田先生のお悩み解決アドバイス!!

Question

進路のことで親とケンカしてしまう

Answer

自分の主張する意見を貫き通す覚悟はあるか

自分の意見があるのならば、親と意見が合わなくてもかまわないと思います。しかし、自分の意見を貫くのは覚悟が必要だということを、必ず理解してください。例えば、親がすすめる進路先ではなく自分で選んだ進路へ決めたとします。やり遂げられればよいのですが、もし失敗して達成できなかった場合を考えてください。親の意見に逆らって決めた道、困ったとしてももう親を頼りにすることはできませんよね。「やり遂げられなくても親は頼らない」、これくらいの覚悟を持って進路と向きあってください。それができないのであれば、親の意見をもう一度よく検討してみましょう。

ただし、「親のすすめる学校は制服が気にいらないからいやだ」というようなささいな理由で反抗しているのであれば、どうかもう少し大人になってください。将来社会に出ると、もっと我慢しなければならないことはたくさんあります。ただ反抗するのではなく、いまから大人になるための練習だと思って、受け入れることも重要です。

教育評論家　正尾 佐の

高校受験指南書

【九拾参の巻】今年出たおもしろい問題2

国語

前号の数学と違って、国語はおもしろい問題が結構ある。といっても、「おもしろい」という言葉には色々な意味があるし、なにを「おもしろい！」と思うかは人によってまちまちだ。今号では、問題文のストーリーが滑稽《こっけい》なものを選んだ。

ただし、古文なので、すぐに滑稽さが伝わらないかもしれない。

まず、その滑稽な問題文を読んでみよう。この愉快な問題を出したのは、十文字高校だ。きっと楽しい授業を行う古文の先生がいるのだろう。

次の文章を読んで、後の問いに答えよ。

昔、近江国《あふみのくに》片山里に、(注1)賤《しづ》の翁《おきな》ありけり。「いまだ都といふ所を見ぬこそ悲しけれ」とて、①上りにけり。まづ四条町通りへ行きけるに、数々の商人、品々の売物飾り置きける中に、鏡あり。

鏡はその頃、はじめて熊野より広まり、都に②ばかりこそありけるを、翁、③いかで知るべきなれば、不思議に思ひ、取りて見れば、はなはだ光りて円《まろ》き物なり。のぞきて見れば、美しき女房、色々の財宝《たからもの》、映《うつ》ろひにければ、翁は、「円き物の中にあるよ」と心得て、「この円物、買はむ」といふ。商人Aをかしくて、「値《あたへ》千両」といへば、すなはち黄金《こがね》千両取り出でて、買ひ得にけり。

翁、わが家に帰りて、都にて円物の中に④求め得たる美しきア女房、色々の財宝、母・女房にも見せまほしけれど、「いやいや、⑤折もこそあらめ」と思ひ、唐櫃《からびつ》の底に深く納め置きけり。

イ女房、ほの見咎《とが》め、あやしければ、翁が留守を待ちて、取り出《いだ》し見れば、はなはだ光りて円き物なり。のぞきて見れば、女あり。「さてこそウ女房を迎へ来たりて、隠し置きけるなり。腹立ちや、口惜しや」と思ひて、母を招き、「これ見給へ。都より女を連れ来たれるなり。恨めしくこそ」とて泣きけり。

翁、山より帰りけり。女房は青ざめ、気色変りて、⑥わななと震ひ震ひ、片膝を立てて翁にいひけるは、「都より迎へ来たり給ひしエ女房こそ。⑦飯さへ整へて参らせむと思ひ、そのB設《まう》けもなく、不都合なる仕方にこそある□。年齢《とし》にも恥ぢ給へかしや。恨めしや恨めしや」とて、乳《ち》・胸を叩《たた》いて泣き叫びけり。

翁、ともかくもいはばいよいよやかましく、⑧近きあたりの人々立ち聞かむも恥づかしければ、うつくしみゐてつくづくと思ふに、「この円物あらむ限りは、家安からじ。とかくこの円物こそ、わが仇《かたき》なり。退治せむ」と思ひ、(注2)重代《ちゅうだい》の太刀取り出し、散々に切り砕きけり。この太刀風に恐れて、母・女房はいづくともなく逃げ失《う》せにけり。

（『おとぎ草子』）

（注1）賤《しづ》の…身分の低い

（注2）重代《ちゅうだい》…代々家に伝わる

どうだい？　途中から話がおもしろくなっているのだが、笑えたかな？　それでは、最初から読み直そう。

昔、近江国《あふみのくに》片山里に、(注1)賤《しづ》の翁《おきな》ありけり。「いまだ都といふ所を見ぬこそ悲しけれ」とて、①上りにけり。まづ四条町通りへ行きけるに、数々の商人、品々の売物飾り置きける中に、鏡あり。

古文に不慣れな人のために、現代文に直してみるよ。

※現代語訳

昔、滋賀県に、卑しい老人(が)いた。「(私は)まだ都という所を見(てい)ない(のが)悲しい」と(思っ)て、①**上りにけり**。

この「上りにけり」が問題だ。

問 ——線①「上りにけり」の現代語訳として最も適当なものを次の中から選び、記号で答えよ。（2点）

ア、京に行った
イ、気持ちが高ぶった
ウ、亡くなった
エ、川をさかのぼった

「上る」はもともと低い場所から高い場所へ向かって行くことだね。それで、『身分の高い人のいる場所へ行く』という意味でも使われることになった。当時の日本で身分の一番高い人は天皇だ。天皇の住む場所へ行くことを「上る」というようになった。

天皇は立派な家(＝御屋＝宮)に住んでいる。場所は「処」とも言った。だから宮処＝都＝京とは天皇の住む所というわけだ。

正解　ア

問いがわかったら続きだ。

※現代語訳

まず四条町通りへ行ったら、無数の商人(が)、さまざまな商品(を)きれいに並べて置いていたなかに、鏡(が)ある。

鏡はその頃、はじめて熊野より広まり、都に②ばかりこそありけるを、翁、③いかで知るべきなれば、不思議に思ひ、取りて見れば、はなはだ光りて円《まろ》き物なり。

※現代語訳

鏡はそのころ、初めて熊野から伝わり、都に②**ばかり**あったのを、老人は、③**いかで知るべきなれば**、不思議に思い、(手に)取って見ると、たいそう光って丸いものである。

問 ——線②「ばかり」と同じ働きのものとして最も適当なものを次の中から選び、記号で答えよ。（2点）

ア、今着いたばかりだ。
イ、一時間ばかり休む。
ウ、遊んでばかりいる。
エ、三分ばかりで終わる。

副助詞「ばかり」の問題だ。現代語の「ばかり」には意味がいくつかある。

①(ちょうどいま)〜するところ、したところ
②(おおよそ)〜ほど、〜ぐらい、〜あたり
③〜だけ

選択肢アは『今着いたところだ』で①、選択肢イは『一時間ほど休む』で②、選択肢ウは『遊んでだけいる(＝遊ぶことだけしている)』で③、選択肢エは『三分ぐらいで終わる』で②、という意味だね。

傍線部②の「ばかり」はどういう意味だろうか。当時、鏡は熊野で作られて、都に伝わったというのだから、熊野と都にしかなかったことになる。

熊野と都にしかなかった＝熊野と都にだけあった、と解釈するのがいいよね。

正解　ウ

問 ——線③「いかで知るべきなれば」の意味として最も適当なものを次の中から選び、記号で答えよ。（2点）

ア、なんでも知っている人であるので
イ、どうにも知っているはずがないので
ウ、どれほど知っているとも思えないので
エ、なんとしても知っていなければならないので

鏡は珍しい品物で、近江国にはなかった。とすれば、身分の低い老人は鏡を見聞きすることはなかった、と考えられる。

正解　イ

続きを読み進めよう。

のぞきて見れば、美しき女房、色々の財宝《たからもの》、映《うつ》ろひにければ、翁は、「円き物の中にあるよ」と心得て、

「この円物、買はむ」

といふ。商人をAかしくて、

「値《あたへ》千両」

といへば、すなはち黄金《こがね》千両取り出でて、買ひ得にけり。

※現代語訳

(老人が鏡を)のぞいて見ると、美しき女性(や)、さまざまの財宝(が)、映ったので、老人は、「丸いもののなかにある(のだ)な」と思いこんで、「この**円物**(を)、買いたい」と言う。商人(は)A**をかしくて**、「値段(は)千両(だ)」と言うと、(老人は)すぐに金貨千両を取り出して、買って手に入れたのだった。

老人は生まれて初めて鏡を見た。

そこに映っているのは、陳列されている商品や、それを買いにきて品定めをしている美しい女性たちだった。ところが、老人はそれらが実際に鏡の内に存在していると誤解してしまったのだ。あまりにもはっきりと、実物そっくりに映っていたのだろう。

問 ……線「円物」とは何か。本文中から抜き出して答えよ。（2点）

老人が鏡を手に取って見たときの印象は、「はなはだ光りて円き物なり」と問題文にそのまま書かれている。

正解 鏡

問 ――線A「をかしくて」の現代語訳として最も適当なものを次の中から選び、記号で答えよ。（2点）

ア、風流な人で
イ、変わった人で
ウ、不思議がって
エ、おもしろがって

若い娘が化粧のために鏡を買うのなら当然だが、田舎から出てきたような老人がほしがるのだから、売り手の商人は「おやおや」と思ったろう。あるいは、老人が鏡のなかに人間や物品がひそんでいると信じこんだのに、商人は気づいたのかもしれない。

正解 エ

翁、わが家に帰りて、都にて円物の中に④求め得たる美しきア女房、色々の財宝、母・女房にも見せまほしけれど、「いやいや、⑤折もこそあらめ」と思ひ、唐櫃《からびつ》の底に深く納め置きけり。

※現代語訳

老人（は）、自宅に帰って、都で丸いもののなかに④**求め**手に入れた美しいア**女房**（や）、さまざまの財宝（を）、母・妻にも見せたいが、「いやいや、⑤**折もこそあらめ**」と思い、唐櫃の底に深く納めて置いた。

問 ――線④「求め」を終止形（基本形）に直せ。（3点）

「求め」の基本形は「求める」だと早合点しそうだね。現代語では「求める」だが、古語（古文の言葉）は違う。こういう問題の考え方は、みんなわかっていると思うが、念のため復習しておこう。

①「求め」に「ず」をつけると、「求めず」になる。

②「ず」は未然形に接続するのだから、「求め」は未然形だとわかる。

③「め」は工段だ（工段というのは、え・け・せ・て・ね・へ・め・れ・ゑ・げ・ぜ・で・べのことだよ）。

④未然形（の語尾）が工段の動詞は、下二段動詞だ。「め」はマ行だから、「求め」はマ行下二段動詞だ。

⑤マ行下二段動詞の活用変化は、〈め・め・む・むる・むれ・めよ〉だ。

⑥だから、「求め」は次のように活用変化する。

未然形＝求め　連用形＝求め
終止形＝求む　連体形＝求むる
已然形＝求むれ　命令形＝求めよ

この①～⑥の内容がよく理解できなかったら、学校や塾の優しい先生に教わろうね。

正解 求む

おやおや、説明が丁寧すぎたのか、もう予定のページ数になってしまった（こういうのを「紙数が尽きる」というんだよ）。おもしろい鏡の話が中途半端になってしまうのは残念だが、今回はここで打ち切って、残りは次号にまわそう。

では、来月号を楽しみにね。

心ふるわせる
感動の3年間を
ともに過ごそう

チャレンジする生徒を全力でサポートします

**群馬大（医・医）、山梨大（医・医）、山形大（医・医）、島根大（医・医）、
自治医科大（医・医）など医学部医学科に7名、
早稲田大 27名、慶應大 13名など難関大学多数合格**

- ●世界大会出場：女子バレー部、 水泳部、 パワーリフティング部
- ●全国大会出場：吹奏楽部、 管弦楽部、 水泳部、 男子バレー部、 女子バレー部
  HIP HOP部、 アーチェリー部、 ダンス部、 パワーリフティング部
- ●数学オリンピック：Aランク合格２名、 Bランク合格７名

◆ 入試説明会（予約不要）（いずれも10：00～）	◆ 個別相談会（予約不要）（いずれも10：00～14：00）	◆ 入試日程
9月28日（日）	9月28日（日）	＜第1回入試＞ 1月22日（木）
10月19日（日）	10月19日（日）	＜第2回入試＞ 1月24日（土）
11月16日（日）	11月16日（日）	＜第3回入試＞ 2月 1日（日）
11月23日（日）	11月23日（日）	
	12月21日（日）	
	12月23日（祝）	

春日部共栄高等学校

〒344−0037 埼玉県春日部市上大増新田213 ☎048−737−7611
東武伊勢崎線春日部駅西口からスクールバス（無料）で7分
http//www.k-kyoei.ed.jp

WASE-ACA TEACHERS

宇津城センセの受験よもやま話

みなさま、長らくありがとうございました。

宇津城 靖人先生

早稲田アカデミー　神奈川第二ブロック　ブロック長
兼 センター北校校長

長らく書かせていただいたこのコラムも、いったんここで区切りをつけさせていただくこととなりました。思えば8年間、このような駄文におつきあいいただき、お恥ずかしい限りですが、読んでくださったみなさまへは、どんなに感謝してもしきれません。この場をお借りして御礼申しあげます。誠にありがとうございました。

最後にお読みいただいている中学生のみなさんにお伝えしたいことと言えば、「みなさんには生きるだけの価値があり」、「この世界は生きる意味や意義のある世界ですよ」ということでしょうか。何百人、何千人の入試という人生の岐路にかかわらせていただくなかで、数多くの心が震えるような感動を味わわせていただきました。もちろんそれだけではなく、数多くの痛みや悲しみも味わってきました。どんなに懸命に努力をしてもかなわなかった夢、突然襲いかかる理不尽な不幸への嘆きなど、思い出すといまだに目頭が熱くなり胸が痛むことがたくさん、本当にたくさんあります。

入試という「合格」か「不合格」かの白黒がはっきりと、明暗がくっきりと分かれてしまう勝負事は、一見すると「不合格」になったら「負け」・「終わり」であるかのようにとらえられがちです。しかしながら、入試は人生のなかのほんの一瞬の出来事でしかなく、「不合格」になったら一生勝つことができないわけでも、人生が終了するわけでもありません。これは「不合格になってもいい」とか「諦めて投げやりになっていい」と言っているのではありません。結果として「不合格」になってしまっても、それまでのプロセスに価値が生まれることもあると申したいのです。

寸暇を惜しまず、最低限の日常のルーティーン以外は、すべての時間と労力を受験勉強に費やし、真剣に準備をして臨み、最後の最後まで諦めずに本気で戦ったのであれば、そこには大きな価値が生まれると思います。めざすものに向けてひたむきに情熱を傾け、努力をする経験は人間を大きく成長させます。

また、真剣に困難と戦うことは、人を強くするとともに、他者への共感や優しさを芽生えさせるものです。さらに、真剣に、本気でめざす目標を持った仲間の存在は、その人の大きな糧となります。入試をたんなる学力試験だと安易にとらえるのではなく、1人の人間の将来へとつながる、大きな成長の機会であるととらえていきたいのです。入試のゴールを簡単に「合格」だけに置かないものにしたいと考えます。

そうなったときには、戦う相手は「自分」となります。脆弱な意志、怠惰な自分、弱気な自分、慢心する自分と戦い、日々これに勝利し続けることは、大人にだって困難なことでしょう。あたかも修行僧であるかのように、日々を禁欲的に、己を律して暮らしていくことは、並大抵のことではありません。受験はその困難を経験させてくれます。はじめのうちは不合格への恐怖をエネルギーにして、直前期にはその恐怖を戦うべき最大のライバルとして戦っていくのです。その恐怖と苦難を克服できたとき、人はなにかをつかむのではないでしょうか。

トップアスリートが大きな舞台の1回の競技や演技で、最高のパフォーマンスができるのは、それまでに積み重ねた努力や、数多くの苦難との戦いがあったからにほかなりません。幾多の苦難を越ええた者にのみ訪れる、僥倖のようなものでしょう。入試を通じて、私はそれを生徒たちに味わわせたいのです。私はぜいたくなのでしょう。

自分の若いころもそうだったのですが、自分にはどれだけの価値があるのか、自分の生きる意味とはなんなのか、自分の人生のゴールはいったいどこにあるのかを真剣に考え始めるのが、ちょうど多感な中学生くらいのころであると思います。まして高校入試を目の前にして、自分の人生の行き先を考える機会に接していれば、そのような思いもいっそう強くなることでしょう。

しかしながら、その問いには答えはありません。自分の価値は人に教えてもらうものではないですから、だれも教えてくれないのです。どんなに書籍を読みあさっても、どこにもそれは書いてありません。インターネットで検索してみたところで、ヒットすることなどないのです。一見それらしいものを見つけ、影響を受けることがあっても、それはしょせん、他人の作りしものでしかありませんから、自分自身と完全に一致することなぞありえないはずです。自分の価値を自分で認められるようになるためには、自分自身が日々の暮らしに充実感を持たねばならないでしょう。目標や夢があると充実しますね。

また、多くの人から感謝されたり、人から必要とされている実感を持てたりすることも、自分を肯定するための大きな力となることでしょう。こういった価値を見出す、自分に意味や意義を見出すには「ともかく行動する」しかないのです。止まって思い悩んでいても、こもって現実から目をそむけていても、他者とのかかわりを断絶していても、現実世界はなんの変化も生まないはずです。いや、自分が退化していくという変化、時が過ぎていくという変化だけはすべての人に平等に訪れますが。

行動することはとても大切なのですが、行動にも注意が必要です。それは「利己的な行動」におぼれないことです。利己的な考えに固執し、そればかりを追求すると、刹那的な利益や充実感を得ることはできるでしょうが、ブレない、安定した、確固たる自己を確立していくことは難しくなるでしょう。ともすると利己的な行動は自分の価値をおとしめていくことになるかもしれません。なぜなら他者からの共感や理解を得ることが難しくなるからです。他者からの共感や理解を失うと、途端に自分の利益は減少していきます。なぜならこの世界は自分1人で完結しておらず、多くの他人とともに構成していくものだからです。悪意や憎悪、恨みを多く向けられた人間が、どうしてそんな相手に価値を認められるでしょうか。自分を偽り、だまして満足感を得ることはできるでしょうが、心のどこかでそんな自分を否定しているはずです。(仮に良心というものがない人間がいないと仮定したときの話ですが)

風呂敷が大きくなりました。まったく受験勉強と関連がないように思えるかもしれません。しかし、私は受験を通じてこのようなことを生徒たちに伝えてきたつもりです。なぜなら、じつはこういったことを見出せた生徒が輝かしい合格を手にしていく確率は格段に高くなるものだからです。

自らを苦境におき、利他的な思考までをも身につけ、絶え間なく努力を重ねられるようになった受験生は、もはや人として大きなアドバンテージを持っていると言えるでしょう。そして、そういう受験生がきちんと合格できるという現実、そういう生徒の方が合格率が高いと実感できるこの世界は、もしかしたら間違っていないのではないかなと思えるのです。きまぐれだと言われる勝利の女神が振り向いてくれる相手は、人間的に成熟している、もしくは成熟しようと動いている人間だなんて、素敵なことだとぼくは思います。数多くの人間がみなさんの行動や努力、考え方に感動を覚え、みなさんを励ましてくれるはずです。周りの人間を感動させられるようなことが、ほんの一時の受験勉強でできるのであれば、その先の大きな、長い人生のなかでもきっともっと大きな感動や多くの人を助ける原動力になることができるのではないでしょうか。

そんな貴重な経験を10代のうちから迎え、自らを高めてくれたみなさんがこれからの世界を作っていってくれると思うとワクワクしてきます。どんな困難が降ってきたって、みなさんであればきっとそれを乗り越え、戦って勝利してくれるものと信じて止みません。

私は自分の価値は、みなさんに自分と同じような痛みを味わわせないように教え導くことにあると信じてこれまでやってきました。これからもきっと、目の前の生徒たちに同じように伝え続けていくのだと思います。私と少しでもかかわった、すべてのみなさんが大きな喜びと充実感を手にしてくれることを、これからみなさんがそれをさらに多くの人に広めてくださることを心より祈念しております。

(完)

WASE-ACA TEACHERS

東大入試突破への現国の習慣

国語

夏休みの計画を成功させるためには、まずは三日間! 続けてみることです。

田中《たなか》 利周《としかね》先生
早稲田アカデミー教務企画顧問

東京大学文学部卒。東京大学大学院人文科学研究科修士課程修了。文教委員会委員。現国や日本史などの受験参考書の著作も多数。

慇・懃・無・礼?! 今月のオトナの四字熟語「三日坊主」

皆さん! 夏休みですね! …なんて、「休み」であることを強調したりすると、「何のんきなことを言っているの! 早稲アカは休みじゃないって!」と、夏期講習に通っている皆さんには、速攻でツッコミを入れられそうですが…もちろん皆さんが頑張っていることは承知していますよ。なにも、皆さん! ヒマですね! と、挑発しようと思っているのではありませんからね。それでもあえて「夏休み」と声に出してみたのは、「学校が休みだ!」ということを言いたかったのですよ、単純に。普段であれば、朝から夕方まで学校に通っているワケですから、どうしても自分の自由になる時間が足りないことでしょう。「時間さえあれば、アレもコレも挑戦してみたいのに!」と思い描いていたことがあるのではないですか? 夏休みの魅力は、なんといってもこの自由な時間だと思いますからね。

さて、実際に学校が休みになって一ヶ月が過ぎようとしていますが、皆さんいかがですか? 暑さのせいもあるでしょうが、集中できずにいて、思ったことをやり切れずに終わってしまった日はありませんでしたか? 夏休みの初めに掲げた壮大な目標(「英語を究めるぞ!」「数学を無敵にするぞ!」などなど)に向けて、「必ずやり遂げてみせる!」と、スタートさせたのは良かったのですが…あれ? あれ? 続かない…。結局「三日坊主」で終了してしまった計画＝未完のプロジェクトはありませんか? そこで取り上げてみたのが今回の四字熟語、「三日坊主」です。意味は皆さんご存知でしょう。「あきっぽくて、長続きがしないこと」ですよね。ではなぜ「三日」なのでしょうか? そしてなぜまた「坊主」なのでしょうか? 順に考えてみましょう。

まずは「坊主」から。昔は、人づき合いでトラブルをおこしたり、生活が苦しくなったりすると、お寺に逃げ込んでお坊さんになろうとすることがありました。お坊さんになることを「出家《しゅっけ》」といいますが、これは俗世間から離れたお寺の世界に入ることで、これまでの「家」を中心とした人間関係を断ち切ることを意味しました。世間のしがらみから逃れることを目的として、また、お寺に入れば最低限の食事は与えられて食べ物にだけは困らなくてすむことからも、そうした「にわか坊主」になろうという人が結構いたらしいのです。しかし、そんな心根でにわか坊主になっても、僧侶としての修業というのは朝早くからのお勤めにはじまり、規則正しい生活をおくらねばならず、また食事も粗食です。つい、衝動的に頭を丸めてお坊さんを志した人でもその実態にふれると並大抵の心構えではとても長続きしません。こういう人は三日もたたないうちに音をあげて俗界にもどってしまうのが常です。そこから「三日坊主」という言葉が生まれたということです。ちなみに「お坊さんが僧籍をはなれて俗人にかえる」という意味をあらわす熟語もありますよ。「還俗《げんぞく》」と言いますからね。「出家」と「還俗」は、セットで覚えていてください。古典の知識では重要事項なんですよ。

　次に「三日」についてですが、皆さん「三日は三日間という意味でしょ。他に何かあるとでも?」というカンジでしょうか。でもそこは「オトナの四字熟語」のコーナーですから！　一緒に踏み込んで考えてみましょうよ。「あっという間に」という意味で「三日」という言葉が使われることがあります。たとえば「三日見ぬ間の桜」ということわざがありますが、これは「世の中の移り変わりが激しいことのたとえ」として使われ、世の中は三日見ないうちに散ってしまう桜の花のようなものだ、という文字通りの意味です。また「三日天下」という四字熟語もご存知でしょうか。権力を握っている期間が、きわめて短いことを表します。戦国時代、明智光秀が本能寺で織田信長を討って天下をとりましたが、十数日で豊臣秀吉に討たれてしまったという史実によります。でも、短い期間を表すだけなら、二日でも、一日でもいいとは思いませんか?「一日天下」でよさそうなものでしょう?「たった一日」の方が、あっという間という気がしますから。ところがそれだと「本当に天下をとったのか?」という疑問符がついてしまうのです。とすると、「三日間は頑張った」ということが大事な意味を持つことになるのですね。そう、三日というのは実は長いのです！　桜も、三日間という長い間は咲いていない、という意味になるのです。

　ですから「三日坊主」についても、朝・昼・晩の僧侶の生活を三回繰り返すことで、自分に出来るか出来ないかを判断した結果、というふうに考えてみてください。何でも三回経験すると、ものごとが見えてくるものなのです。「石の上にも三年」ということわざにしても、何か新しいことをはじめて春夏秋冬の季節が三回めぐる間に、おのずと分かることがあるということでしょう。皆さんも、「三日坊主」で終わってしまった…と未完のプロジェクトを嘆く前に、「本当に三日間、集中して取組むことができたのか?」を反省してみてください。多くの場合、三日間も続いていませんから。もう一度言います。三日というのは実は長いのです。ぜひ、夏休み中に「三日」続けて何かをやり遂げてください。それだけでも大きな成果が得られるでしょう！

グレーゾーンに照準！ 今月のオトナの言い回し「マイペース」

マイ＝「自分の」、ペース＝「進度」、を組み合わせた「和製英語」ですね。なんとなく昭和の香りのする? オトナの言い回しになります。「他人に左右されず、自らのやり方・進度を崩さない性格の人」を指す場合にも使われますが、「あなたはマイペースな人ですね」と言った場合には、多くは批判的なニュアンスが込められています。「あなたはジコチューですね」と、ほぼ同じ意味になるでしょう。

　でも、先ほどの「三日坊主」で終わりたくないならば、この「マイペース」で進むことがとても重要になってくるのです。「自分にあった一定のペースを守ること」。習慣を長く継続していくための基本条件になります。

　では「マイペースで勉強すること」の意味を考えてみましょう。皆さんの多くは「私は一日に二時間、英語の勉強を続ける」「僕は頑張って一日に三時間、英語を勉強する」といったように、「毎日何時間勉強するのか」ということを決めて、そのペースを守って勉強しなくてはならない！　と考えているのではないでしょうか。もちろん継続して勉強時間を確保することは重要です。ところがそれ以上に「一時間にどれくらいの量の勉強をするのか」という点を決めることが大事なのです！

　「やれるだけやってどんどん進めて、一時間当たりの勉強量は多い方がいいのではないでしょうか?」と考える生徒さんもいることでしょう。ところが、人間には身体的にも精神的にも自分にあったペースというものがあって、それより速くても遅くてもエネルギーを余計に消費してしまうそうです。たとえばそれは「歩く速度」や「会話のテンポ」などにも表れてきて、その速さはその人らしさの個性でもあり、個人特有のものといえるそうです。ですから、一時間にテキスト何ページ分を勉強するのが自分のペースなのかをしっかりと見極めることが大切になるのです。これこそが本当の「マイペース」です。長い夏休みの間は特に、自分のペースを守りながら学習を続けていくことを重視してくださいね！

より、$h=5$。すなわち、BC＝**5 cm**

また、図２より、10秒後に点Ｐが頂点Ｄに到着するから、$2\times10-(8+5)=7$より、辺CDの長さは、**7 cm**

(3)　(2) より、BC＝5 cmだから、

$a=(8+5)\div2=\mathbf{\frac{13}{2}}$

このとき、点Ｐは頂点Ｃにあるから、

$b=\triangle ACD=\frac{1}{2}\times7\times5=\mathbf{\frac{35}{2}}$

(4)　点Ｐはx秒間に$2x$cm進むから、点Ｐが辺BC上にあるとき、$BP=2x-8$(cm)

これより、

$\triangle ABP=\frac{1}{2}\times(2x-8)\times8=8x-32$　……①

また、点Ｐが辺BC上にあるのは、(3) より

$4\leqq x\leqq\frac{13}{2}$

このとき、図2のグラフは、2点(4、20)、$(\frac{13}{2}$、$\frac{35}{2})$ を通る直線で、その傾きは－1

よって、関数の式は、

$y=-x+24(=\triangle APD)$　……②

①、②より、△ABPと△APDのとき、

$8x-32=-x+24$

これを解いて、$x=\frac{56}{9}$より、$\mathbf{\frac{56}{9}}$**秒後**

続いて、複数の人が２地点間を移動する問題です。

問題2

右の図は，Ａ君が徒歩でＰ地点からＱ地点に，Ｂ君が自転車でＱ地点からＰ地点に，Ｃ君が自転車でＰ地点からＱ地点に向かって進んだときの時刻と位置の関係を表したグラフである。このとき，次の問いに答えなさい。　（慶應義塾）

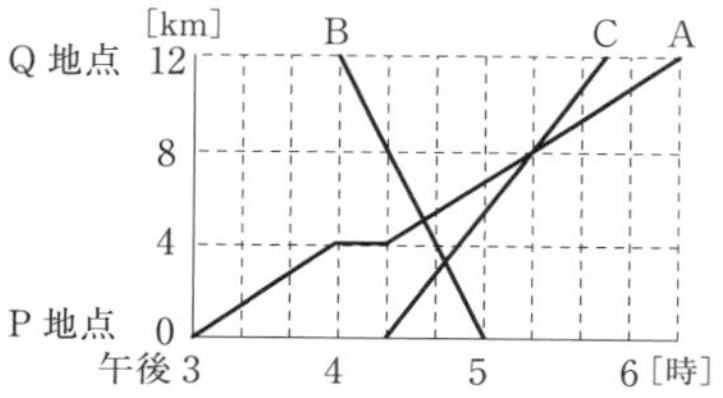

(1)　午後３時から計ってx分後の，Ｂ君とＣ君のＰ地点からの位置を$y$kmとするとき，それぞれyをxの式で表しなさい。また，それぞれxの変域も答えなさい。

(2)　Ｂ君とＣ君が出会ったのは，Ｐ地点から何km離れた地点かを求めなさい。

(3)　Ｃ君が，Ａ君とＢ君のちょうど中間地点にさしかかった時刻を求めなさい。

＜考え方＞

(3)　$x=t$ のときの、Ａ君とＢ君の位置の中点の座標をtで表します。

＜解き方＞

(1)　グラフより、Ｂ君は４時に12km離れたＱ地点を出発し、５時にＰ地点に到着した。よって、Ｂ君の時間と距離の関係は、$x=60$のとき$y=12$、$x=120$のとき$y=0$となる１次関数である。このとき、変化の割合は、$-\frac{12}{60}=-\frac{1}{5}$だから、$y=-\frac{1}{5}x+b$とおける。これに、$x=60$、$y=12$を代入して、$b=24$

よって、$\mathbf{y=-\frac{1}{5}x+24\ (60\leqq x\leqq120)}$ ……①

Ｃ君は、４時20分にＰ地点を出発し、５時20分に８km地点を通過している。よって、Ｃ君の時間と距離の関係は、$x=80$のとき$y=0$、$x=140$のとき$y=8$となる１次関数だから、Ｂ君のときと同様にして、

$\mathbf{y=\frac{2}{15}x-\frac{32}{3}}$　……②

これに$y=12$を代入して、$x=170$

これより、変域は$\mathbf{80\leqq x\leqq170}$

(2)　①、②式からyを消去して、

$-\frac{1}{5}x+24=\frac{2}{15}x-\frac{32}{3}$

これを解いて、$x=104$

①に代入して、$y=\frac{16}{5}$より、Ｂ君とＣ君が出会ったのは、Ｐ地点から**3.2km離れた地点**

(3)　Ａ君は４時20分にＰ地点から４km離れた地点を出発し、６時20分にＱ地点に到着した。これより、Ａ君の動きを表す式は、$y=\frac{1}{15}x-\frac{4}{3}$ $(80\leqq x\leqq200)$ ……③

$x=t$ のときの、Ａ君とＢ君の位置は、それぞれ、

③より、$y=\frac{1}{15}t-\frac{4}{3}$　……③´

①より、$y=-\frac{1}{5}t+24$　……①´

これより、Ａ君とＢ君の中間地点は、

(③´＋①´)÷2より、$y=-\frac{1}{15}t+\frac{34}{3}$　……④

また、$x=t$ のときの、Ｃ君の位置は、

$y=\frac{2}{15}t-\frac{32}{3}$　……②´

よって、④と②´が一致するとき、題意を満たすから、$-\frac{1}{15}t+\frac{34}{3}=\frac{2}{15}t-\frac{32}{3}$を解いて、

$t=110$　これより、**午後４時50分**

一般的に、移動に関する問題は長文になる傾向があります。ですから、問題をよく読み、グラフの意味をしっかりつかみ、条件を整理していくことがポイントになります。関数の式や、交点の座標を求める基本の計算は、確実に答えられるようにしておくことが最も大切です。はじめは時間がかかるかも知れませんが、頑張って練習を積んで得意分野にしていきましょう。

WASE-ACA TEACHERS

数学

楽しみmath 数学！DX

1次関数の応用 移動に関する問題

登木 隆司先生

早稲田アカデミー 城北ブロック ブロック長
兼 池袋校校長

今月は、１次関数の応用として移動に関する問題を学習していきます。

はじめに、１つの点が、図形の辺上を移動する問題です。ここでは、グラフの意味するところをしっかりと読み取ることが大切です。

問題１

右の図１のように，AB＝8cm，∠ABC＝90°，∠BCD＝90°の四角形ABCDがある。点Pは頂点Aを出発し，一定の速さで辺AB，BC，CD上を通って，頂点Dまで移動する。このとき，点Pは途中で止まることなく移動するものとする。

点Pが頂点Aを出発してから x 秒後の３点A，P，Dを結んでできる△APDの面積を y cm²とする。右の図２は，x と y の関係をグラフに表したものである。このとき，次の（1）～（4）の問いに答えなさい。ただし，点Pが頂点A，Dにあるときは，y＝0とする。

図１

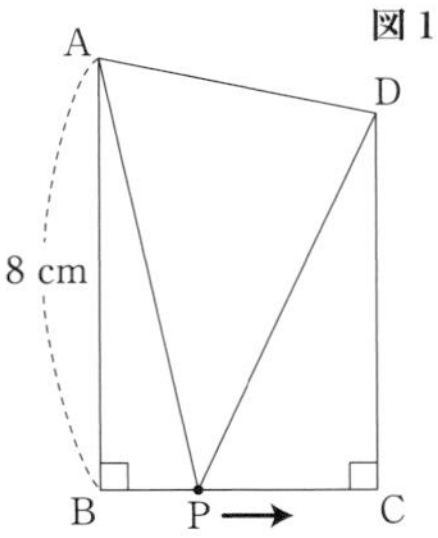

図２

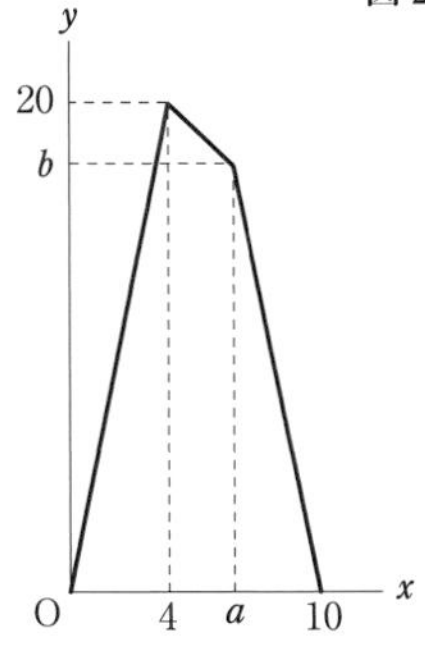

(1)　点Pが移動する速さは毎秒何cmか，答えなさい。

(2)　図１の辺BCと辺CDの長さを，それぞれ求めなさい。

(3)　図２のグラフ中の a の値と b の値を，それぞれ答えなさい。

(4)　点Pが辺BC上にあるとき，△ABPと△APDの面積が等しくなるのは，点Pが頂点Aを出発してから何秒後か，求めなさい。

（新潟県）

＜考え方＞

点Pが１つの辺上を動いているときは、y の増え方（または減り方）は一定なので、点Pは、x＝4のとき頂点Bに、x＝aのとき頂点C上にある。

＜解き方＞

(1)　図２より、点PはAB間を４秒で進んでいるから、移動する速さは8÷4＝**2($\frac{cm}{秒}$)**

(2)　点Pが頂点Bにあるとき、△APD＝△ABD＝20であるから、BC＝hとすると、$\frac{1}{2}$×8×h＝20

WASE-ACA TEACHERS

英語で話そう！

川村 宏一先生

早稲田アカデミー　教務部中学課
上席専門職

朝がちょっぴり苦手な中学３年生のサマンサは、父（マイケル）と母（ローズ）、弟（ダニエル）との４人家族。

夕食後、サマンサとダニエルがテレビを見ながらくつろいでいると、ローズがキッチンからなにか持ってきました。それはサマンサが前から一度食べてみたいと思っていた、アイスクリームでした。

2014年８月某日

Rose　：I got you ice creams.
　　　　It is famous for its taste. …①
ローズ：今日はアイスクリームを買ってきたの。
　　　　美味しくて有名なのよ。

Samantha：I know! I have wanted to eat it. …②
　　　　　Which do you like? …③
サマンサ：知ってる！　食べてみたかったの。
　　　　　ダニエル、どっちがいい？

Daniel　：I want a chocolate ice cream.
ダニエル：チョコレートがいいな。

Samantha　：Ok. Here you are.
サマンサ　：いいわよ。はいどうぞ。

今回学習するフレーズ

解説①　be famous for〜	〜で有名だ (ex) What is Nara famous for? 「奈良はなにで有名ですか」
解説②　have + 過去分詞	（昔からいままで）〜している (ex) I have lived in Kawasaki since I was a child. 「子どものころからずっと川崎に住んでいる」
解説③　Which do you like〜?	〜と〜のどちらが好き？ (ex) Which do you like better, coffee or tea? 「コーヒーと紅茶どっちが好きですか」

世界の先端技術

search ポケットスキャン

教えてマナビー先生！
今月のポイント

コンピューターとその場で結ばれ
情報の使い道が多用途に広がる
手のひらサイズのコピー機登場

文書の上を前後左右に滑らせるだけで簡単にコピーして
コンピュータなどに送信してくれる「ポケットスキャン」

▶マナビー先生
日本の某大学院を卒業後海外で研究者として働いていたが、和食が恋しくなり帰国。しかし科学に関する本を読んでいると食事をすることすら忘れてしまうという、自他ともに認める"科学オタク"。

君の家にはコピー機があるかい？　ない？　そう、なかなかコピー機がある家庭なんてないよね。

仕方がないからコンビニに行ってコピーしたりしている人も多いと思う。

さて、今回紹介する「ポケットスキャン」はいままでのコピー機とは違ってすごく小さく、どこにでも持ち運べて、色々なものをコピーしてコンピューターなどに取り込むことができる便利な装置だ。

名前が示すように小さくて手のひらサイズ、重さは85gと軽いからバッグに入れて簡単に持ち歩けるよ。その場で見つけた写真や文書などの上を前後左右に滑らせるだけでコピーができるんだ。

コピーした画像はそのままワイヤレスでコンピュータやタブレットに送ることができる。ポケットスキャンがコピーした部分の画像はコンピューターの画面に順次表示され、追加でコピーしたい部分があれば、さらに滑らせるとまるで筆で絵を描いているように、画面に続きの画像が現れてくる。このように、コンピューターの画面を見ながらまだコピーされていない部分の上を滑らせて全体をコピーしていくんだ。

また、文字の上を滑らせコピーすると画像から文字に魔法のように変換して、文書にしてくれるから、簡単にワープロ編集できるようにもなる。数字が多い文書なら、簡単に表計算ソフトに落とし込むこともできてしまうんだ。

言葉がわからない外国で食堂に行っても安心だ。ポケットスキャンでメニューをスキャンすれば、それを翻訳ソフトがどんな食べ物か教えてくれる。

大きな範囲を滑らせると、大きな絵なども取り込むことができる。いままでのコピー機のように用紙サイズに限定されることもない。

同じようなことはカメラでもできそうだけど、ポケットスキャンには特別に考えられた照明もついているので、写真撮影では苦手とされる、ギラギラと光る太陽の下や、暗いところでも簡単できれいに撮ることができる。

こんな装置が手に入れば、友だちのノートを借りなくてもその場でコピーできるから、友だちに教わりながら勉強もできて楽しそうだね。でも、やっぱりノートは自分で取らないと勉強は身につかないよ。

日本橋・開智教育グループ

日本橋女学館高等学校【女子】

伸びている大学進学実績の秘密

開智学園との教育提携により、大きくバージョンアップする日本橋女学館高等学校。前号でご紹介した通り、近年大学進学実績が順調に伸びています。今後は更なる伸びが期待されますが、日本橋女学館高等学校ではどのような学習指導を行っているのか、その状況を探ってみます。今回は、日本橋女学館高等学校の学習指導、教務サポートのシステムなどについて取材しました。【取材SE企画】

「アクティブ・ラーニング」により、探究心をもって自ら学べる生徒へ

「日本橋女学館高等学校の学習の中心は『アクティブ・ラーニング』です。」と語ってくださったのは副校長の宗像諭先生です。宗像先生は「アクティブ・ラーニングとは、教師が一方的に授業を行い、生徒はそれを聴いて板書をノートに写すという、いわゆる『講義型授業』ではなく、いわば『双方向型』の授業です。その一つが『探究型授業』というものです。教師は、解決していく疑問・課題を生徒に与えて、生徒から出た答えをまとめながら授業を進めていきます。生徒たちの質問や発言を通して、どこが理解されているか、されていないかを確認しながら授業を進めていきますので、ほとんどの生徒が学習内容を深く理解できるのです。」と語ってくださいました。

宗像先生は更にこうも語ってくださいました。「アクティブ・ラーニングが中心と言っても、もちろん今までのような講義型授業を全く否定するものではありません。アクティブ・ラーニングを進めるためには、当然のことながら基礎的な学力・知識が必要です。実際、以前ある学校で、アクティブ・ラーニング型の授業だけを行ったところ、生徒の学力が低下してしまったそうです。それでは本末転倒です。ですので、日本橋女学館高等学校では、硬質な講義型授業で基礎学力・知識の習得を行います。」

アクティブ・ラーニングで身に付く力

＜学校説明会・行事日程＞

■授業体験会＆学校説明会　8月30日(土)14：00～
●アクティブラーニング授業を体験してください！
●芸術進学コース授業体験(演劇・美術・音楽)も同時実施

■文化祭(女学館祭)　9月27日(土)・28日(日)　10：00～

■学校説明会　10月11日(土)14：00～　※授業体験同時実施
10月26日(日)14：00～
11月 1日(土)14：00～　※授業体験同時実施
11月16日(日)14：00～
11月29日(土)14：00～

詳しい内容は、ホームページ等で順次発表いたします。お問い合わせは「広報部」まで。

は？　とお尋ねしたところ、「探究力・創造力・思考力・発信力・コミュニケーション力」ということでした。いずれも、21世紀のグローバル社会で必要とされる能力ばかりです。日本橋女学館高等学校では、それらの能力を身に付けた生徒の育成を目指しているということを強く感じました。

授業だけではない！さまざまなサポートシステム

続いて、進路指導部長の川田孝二先生が説明してくださったのが、「授業以外のサポートシステム」です。川田先生によると、「もちろん授業は充実しています。高校1・2年生の週当たりの総授業時間数は36から39時間で、たっぷり、余裕を持って学ぶことができます。ですので、基礎から応用まで、確実な学力がついていきます。また、2年生からは文系・理系に分かれ、より効果的に学ぶことができます。しかし、我々のサポートシステムは授業だけではありません。『Ａｌｌ ｉｎ Ｓｃｈｏｏｌ』というシステムで、生徒の大学進学、学力育成をサポートします。」とのことです。「Ａｌｌ ｉｎ Ｓｃｈｏｏｌ」というのは耳慣れない言葉ですが？　という質問に川田先生は、「文字通り、学校内で全てを行う、という意味です。授業開始前の『Ｍｏｒｎｉｎｇ Ｓｅｓｓｉｏｎ』（朝学習）から放課後の『Ａｆｔｅｒ Ｓｅｓｓｉｏｎ』（放課後講習）そして『チューター制』まで、基本から受験に向けた学力増強まで、学校内で完結させようということです。生徒一人ひとりの状況を熟知している本校の教員がトータルで指導しますので、とても効果的に学力が習得できます。」と答えてくださいました。「チューター制」というのは、卒業生を中心とした現役の大学院生や大学生が指導室にいて自習をする生徒のサポートをするシステムだそうです。

取材にうかがった際、玄関に、夏休みの講習のスケジュールが掲示されていましたが、それを見ると1年生から3年生まで、かなり細かく設定された講座が盛りだくさんでした。たまたま来校したある大手予備校の先生がこれを見て、「予備校並みの講座設定ですね」と驚かれたそうです。

国公立・早慶上理等難関大学合格数の推移

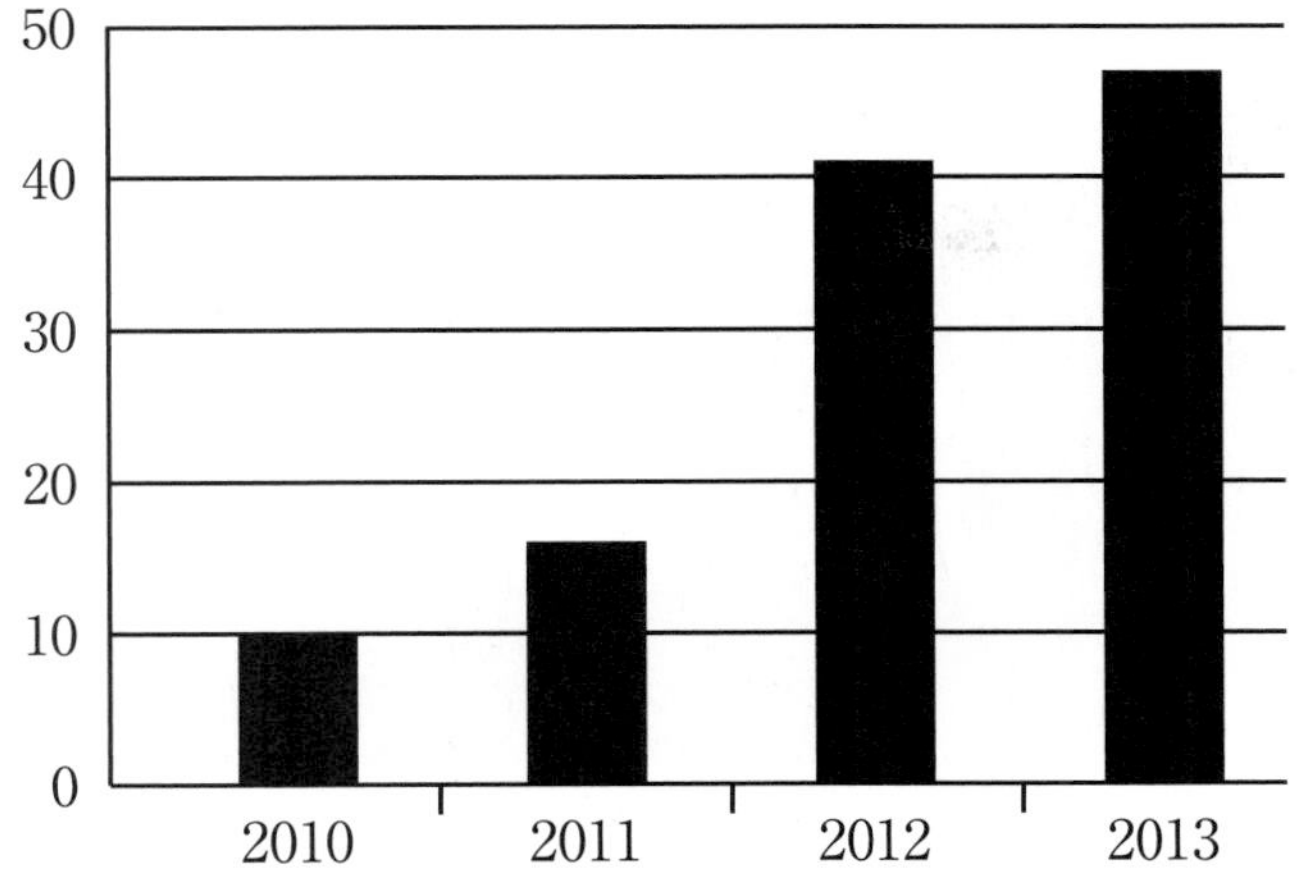

	2010	2011	2012	2013
国公立	1	0	5	4
早慶上理	1	1	3	0
GMARCH	6	1	5	9
日東駒専	2	１２	２６	２１
有名女子大	0	2	2	１３
合　計	１０	１６	４１	４７

※　2013年度卒業生総数：105名

きめ細かい指導が可能な少人数制

日本橋女学館高等学校では、1クラスの人数が最大で30名。ほとんどのクラスは20名～25名程度のクラス編成です。生徒と教員の距離が近いため、双方向の豊かなコミュニケーションが可能で、学習指導はもちろん、生活指導においても大きな効果があるそうです。取材にうかがった際も、各フロアに設けられているミーティングスペースで、生徒が1人2人で先生に質問をしている姿が見られました。日本橋女学館高等学校が「丁寧で、面倒見の良い学校」と評価されている理由がわかったような気がしました。

日本橋女学館高等学校の進学指導力がますます伸びる事が期待されます。

日本橋女学館高等学校

http://www.njk.ed.jp

〒103-8384
東京都中央区日本橋馬喰町2-7-6
TEL 03-3662-2507
〈アクセス〉
ＪＲ総武線・都営浅草線「浅草橋駅」徒歩３分
ＪＲ総武快速線「馬喰町駅」徒歩５分
都営新宿線「馬喰横山駅」徒歩７分

みんなの数学広場

問題編

答えは次のページ

初級～上級までの各問題に生徒たちが答えています。
どの生徒が正しい答えを言っているか当ててみよう。
もちろん、当てずっぽうじゃなく、実際に問題を解いてみてね。

TEXT BY かずはじめ
数学を子どもたちに、楽しく、わかりやすく、
使ってもらえるように日夜研究している。
好きな言葉は、"笑う門には福来る"。

上級

計算上ですが、地球の半径は約 6378km です。
富士山の高さは 3776m です。
さて、富士山を見ることのできる距離は、富士山の場所から大体何 km くらいまででしょうか？

A 答えは…
約120km
大体東京から水戸ぐらいまでの距離よ。

B 答えは…
約220km
大体東京から福島ぐらいまでだね。

C 答えは…
約320km
いや、東京から名古屋ぐらいまでじゃない？

中級

次の計算には特別な約束事があります。

1 ＋ 1 ＝ 2　　1 ＋ 2 ＝ 10　　2 ＋ 2 ＝ 11

1 ＋ 2 ＋ 2 ＝ 12　　2 ＋ 2 ＋ 2 ＝ 20

これをふまえると、次の計算の答えは…？

2 ＋ 2 ＋ 2 ＋ 2 ＋ 2 ＝？

A 答えは…

22

約束事がわかれば簡単。

B 答えは…

100

こうだよね。

C 答えは…

101

これで完璧。

初級

サクッと計算してください。

11111 × 11111 ＝？

A 答えは…

122222221

サクッと計算しました。

B 答えは…

123232321

これは簡単。

C 答えは…

123454321

計算の仕方がポイント。

解答編

上級

正解は B

これは、地球の半径が約 6378km、富士山の高さが 3776m ということに起因しています。

右の図で富士山の頂上の位置を P、富士山の地球の表面上の位置を Q、地球の中心を O とすれば、P から円 O への接線を引いたときの接点を A とすると、富士山の見える距離は、地球の表面上の距離、つまり、弧 AQ となります。

角 POA が約 2 度ですから（高校の数学で学習します）、だいたい 220km となります。

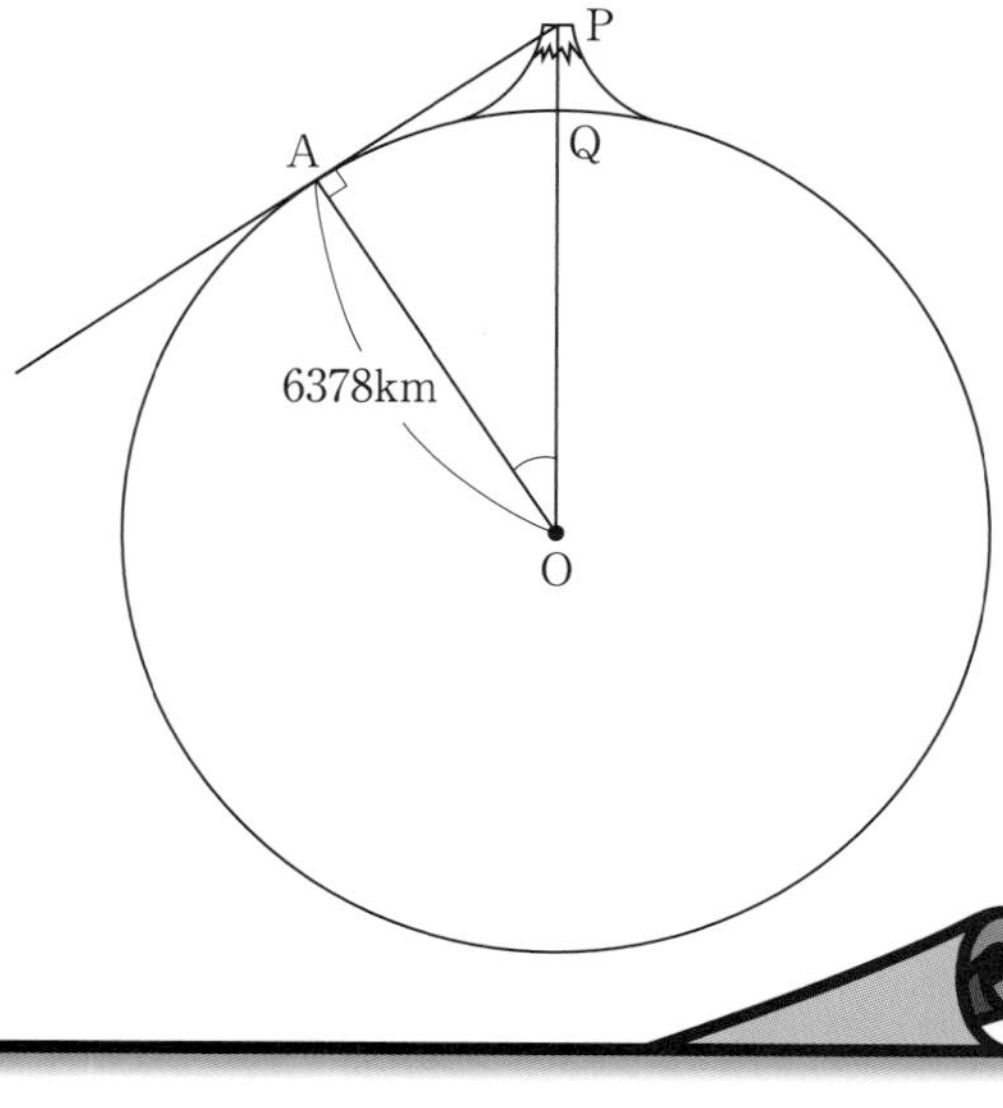

A ✕

それだと短すぎるなあ。

B

C ✕

見えないよ！

中級

正解は C

1 → 2 → 10 → 11 → 12 → 20 と見ていくと、
「1 → 2 → 10」「11 → 12 → 20」と 3 つ目に繰り上がっているので、3 進法です。
すると…
3 進法の場合、1 の位、3 の位、3^2 の位の順に進みます。
これをお金とイメージします。1 円玉、3 円玉、9 円玉です。
2 ＋ 2 ＋ 2 ＋ 2 ＋ 2 ＝ 10 円と考えると、9 円玉 1 枚と 3 円玉 0 枚と 1 円玉 1 枚だから、101 となります。

A

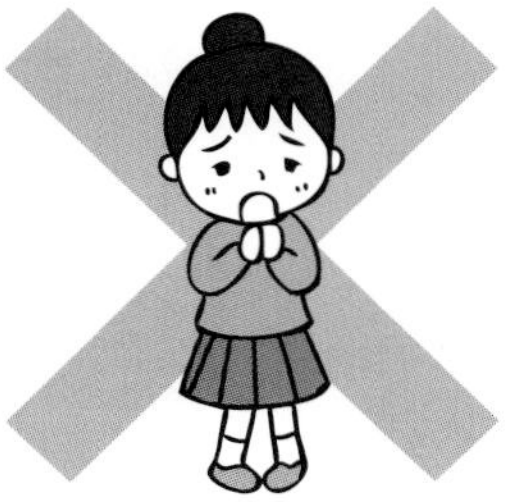

どんな約束事？

B

結構おしいね！

C

初級

正解は C

これは計算してみるとわかります。
じつは筆算すれば、一目瞭然なのです。

```
        11111
      x 11111
        11111
       11111
      11111
     11111
    11111
    123454321
```

A

サクッとやると、そうなりそうだよね。

B

2323 と続くのはどうして ???

C

先輩に聞け！

大学ナビゲーター

慶應義塾大学

経済学部
経済学科　3年

高澤《たかざわ》　萌恵《もえ》さん

憧れの慶應義塾大で勉強や課外活動など充実した生活を送っています

入学前に掲げた目標を達成したい

――慶應義塾大を第1志望に決めたのはなぜですか。

「慶應義塾大か早稲田大のどちらかに入りたい気持ちが強かったんです。2つの大学を比較しようと、オープンキャンパスや文化祭に参加したり、行事がない日にキャンパス内を見学したりもしました。それらを通して、慶應義塾大の落ち着いた雰囲気が気に入り、第1志望に決めました。また、三田会という組織によってOB・OGが強くつながっている点や、慶應義塾大に通っている先輩の話を聞き、印象がよかった点もポイントでした。」

――1・2年生のころはどんな講義を受けていましたか。

「幼少期にアメリカに住んでいましたが、現地の友人と再会しても英語があまり話せなかったのが悔しくて、『大学では英語をしっかり勉強して、国際交流の場にたくさん参加して、国際的な人間になろう！』という目標を立てました。その目標を達成するために、まず1・2年生で力を入れたのは英語の勉強です。講義のレベルが選べるならば、よりレベルの高いクラスを選び、ディベートやスピーチなど、発言する機会が多くある講義も積極的に履修しました。

また、『地域文化論』では世界の国々について学べ、1つの国から派生してさらに多くの国のことを知ることができました。講義というより趣味の時間のような気持ちで楽しく受講していました。」

――3年生からの講義はどうですか。

「3年生から始まったゼミでは、都市経済学をメインに扱っています。都市経済に関する英語のテキストを使用して、各回の担当者がプレゼンを行います。また、都市経済学の研究に必要な計量経済学についても学んでいます。

このゼミは私たちが2期生で歴史は浅いですが、都市経済学は日常生活のなかに経済との関連性を見出していく、経済を身近に感じられるおもしろい分野です。

経済学部には4年生で取り組む卒業論文とは別に、3年生で取り組む三田論という論文があり、三田祭での展示に向けて、各ゼミごとに論文を完成させます。まだ準備は始まったばかりですが、これから話し合いを進めていく予定です。ゼミでの勉強を通して、経済学の必要性がさらにわかった気がします。」

――国際交流は行っていますか。

「アイセック（AIESEC）という国際インターンシップ事業をサポートする団体の海外戦略局という部署で、日本のアイセックと海外のアイセックをつなげる仲介役を担当しています。

もう1つ、IIR（国際関係会）の一員としても活動していて、海外の大学に通う学生たちが日本に来た際に、日本の文化を知ってもらうためのさまざまな取り組みを行っています。

IIRにある日本の学生が留学できる制度を活用してハンガリーの大学への国際交流プログラムを体験しました。周りは外国人しかいなかったので、自分の英語力のなさを痛感しましたが、そのおかげでもっと英語を勉強しようと思ったのでいい経験でした。また、大学主催のケンブリッジ大への留学プログラムにも参加しましたが、日本人同士で固まってしまい、英語を勉強するというより楽しく過ごしただけだったので、今年は1人で海外を訪れてみようと考えています。」

――これからの目標を教えてください。

「具体的にどんな仕事がしたいかは模索中ですが、尊敬する人と同じ業界で働いてみたいという気持ちがあります。また、大学で多くの外国人と接しているので、その経験を活かせる職種に就くのもいいなと思っています。」

▲ハンガリーでの国際交流プログラムでは市内観光も行いました。

▼ケンブリッジ大への留学中に高澤さんたちが行ったプレゼンテーションの様子。

【とにかく手を動かして暗記する】

暗記が苦手だったので、ひたすら手を動かして覚えていました。英単語は単語の綴りを覚えるだけではリスニングの試験に対応できないので、発音しながら書いていました。

また、受験直前期は夜に暗記をして、翌朝6時に起き、前日の夜に暗記したことを覚えているかのチェックもしていました。暗記が苦手だったからこそ、1回で覚えようとするのではなくて、きちんと覚えられるまで繰り返しやっていました。

【インプットとアウトプットは交互に行う】

暗記のほかに国語も苦手でしたが、国語は暗記科目ではないので、問題に慣れるために全国の公立の過去問題が載った参考書を用意しました。その冊子はテル帳（電話帳）と呼ばれていて、周りの友だちも結構活用していました。私も国語以外の教科も含めて、すべての問題をこなす勢いでテル帳に向かっていた記憶があります。問題を多く解くメリットは、知識があいまいな単元を発見することができる点です。そしてその単元に戻って復習することで、着実に知識が定着します。

暗記ももちろん大切ですが、受験は覚えるだけではなくて、覚えたことを活用する力も必要なので、インプットとアウトプットを交互にやることが大切だと思います。インプットとアウトプットのどちらかに偏らないように、バランスよく取り組んでみてください。

【受験生へのメッセージ】

合格に向けて勉強することばかりが重視されがちですが、精神面に気を配ることも重要だと思います。私は精神面があまり強い方ではなく、弱気になってしまうことがあったので、受験に向けてモチベーションをどう保つかを工夫していました。例えば、大学受験のときは、慶應義塾大の校歌をダウンロードして、それを塾の休み時間や入試当日に聞き、「受かる受かる」と自分に言い聞かせていました。

人生において高校受験は1度きりです。いまは苦しいと思っていても、これからの長い人生を思えばこの苦しい期間も短く思えるはずです。受験生のときの頑張りによって、そのあとの高校3年間が変わるはずなので、受験を楽しむ気持ちで頑張ってほしいです。

開智高等学校

開智高校ってどんな学校だろう

難関大学合格実績に目を奪われがちな開智高校ですが、開智高校の最大の魅力は「多彩な学びのフィールド」にあります。今回はその一部をご紹介します。

勉強もしっかり、学校行事や部活動もしっかり

開智高校といえば「勉強」というイメージを持つ人が多いと思います。事実、密度の濃い授業、大学入試向けの学習ができる放課後の特別講座、３６５日開放している自習室等、生徒が学習できる環境は十二分に揃っており、その点で開智高校は勉強に大変力を入れている学校であるといえます。しかし、開智高校は決して勉強ばかりの学校という訳ではありません。

開智高校は、「国際社会に貢献するリーダーを育成する」ことを教育方針にしています。単に勉強ができるというだけではリーダーには成り得ません。周囲から尊敬される真のリーダーとしての素養は、様々なことを自主的に体験していくことで培われると思います。したがって開智高校では、勉強はもちろん、勉強以外の部活動、生徒会活動、学校行事、その他様々な活動も自分の意志で積極的に行うことを推奨しています。

開智高校の１・２年生は、月、木曜日は「勉強の日」と呼ばれていて、放課後は通常８時間目まで授業が行われ、部活動や生徒会活動等は一切禁止となっています。一方、火、水、金、土曜日の放課後は各自の判断で様々な活動に取り組める日と決めています。このように、曜日によってメリハリをつけ、勉強にも勉強以外の活動にも積極的に挑戦できるシステムが作られています。

≪開智生の１週間（１年生）≫

<table>
<tr><th></th><th>月</th><th>火</th><th>水</th><th>木</th><th>金</th><th>土</th></tr>
<tr><td>0</td><td>独習</td><td>独習</td><td>独習</td><td>独習</td><td>独習</td><td>独習</td></tr>
<tr><td>1</td><td>現社</td><td>国語</td><td>数学</td><td>英語</td><td>英語</td><td>英語</td></tr>
<tr><td>2</td><td>体育</td><td>情報</td><td>家庭</td><td>理科</td><td>保健</td><td>国語</td></tr>
<tr><td>3</td><td>国語</td><td>世界史</td><td>家庭</td><td>情報</td><td>世界史</td><td>理科</td></tr>
<tr><td>4</td><td>数学</td><td>英語</td><td>数学</td><td>数学</td><td>芸術</td><td>数学</td></tr>
<tr><td>昼休み</td><td colspan="6">昼　食</td></tr>
<tr><td>5</td><td>英語</td><td>国語</td><td>英語</td><td>現社</td><td>体育</td><td rowspan="3">部活動</td></tr>
<tr><td>6</td><td>英語</td><td>国語</td><td>体育</td><td>ＬＨＲ</td><td>数学</td></tr>
<tr><td rowspan="3">放課後</td><td rowspan="2">数学</td><td rowspan="2">部活動</td><td rowspan="2">部活動</td><td rowspan="2">英語</td><td rowspan="2">部活動</td></tr>
<tr><td>独習</td></tr>
<tr><td></td><td>独習</td><td>独習</td><td></td><td>独習</td><td></td></tr>
</table>

■夏期学校説明会　予約不要　（説明時間約90分）

<table>
<tr><td>8月27日</td><td>水</td><td></td><td>13：30～</td><td rowspan="2">・教育内容、学校生活、入試情報
・質問コーナーを設け、個別の質問にお答えします。</td></tr>
<tr><td>8月30日</td><td>土</td><td></td><td>13：30～</td></tr>
</table>

■入試説明会・個別相談会　（説明時間約90分、個別相談約15分）

<table>
<tr><td>9月20日</td><td>土</td><td></td><td>13：30～</td><td rowspan="6">個別相談
10：00～16：30</td></tr>
<tr><td>10月4日</td><td>土</td><td>10：00～</td><td></td></tr>
<tr><td>10月25日</td><td>土</td><td>10：00～</td><td>13：30～</td></tr>
<tr><td>11月22日</td><td>土</td><td></td><td>13：30～</td></tr>
<tr><td>11月23日</td><td>祝</td><td>10：00～</td><td>13：30～</td></tr>
<tr><td>12月20日</td><td>土</td><td>10：00～</td><td></td></tr>
</table>

※個別相談会のみ９月以降ＨＰにて予約が必要です。

KAICHI

開智高等学校

高等部（共学）

〒339-0004
さいたま市岩槻区徳力西186
TEL 048－794－4599（企画広報室）
http://www.kaichigakuen.ed.jp/
東武アーバンパークライン（東武野田線）東岩槻駅（大宮より15分）徒歩15分

「様々な活動を通して得られる成功体験によって、人として大きく成長できる」、これが開智の魅力です。

勉強もしっかりやりたい、学校行事も部活動もしっかりやりたいという生徒には、開智高校はぴったりの学校です。

「Tコース」「自由選択科目」開智の行っているシステム改革

開智高校では生徒の希望やニーズに合わせて様々な改革を行っています。まず、東大・京大・一橋大・国立医学部等の最難関大学を志望する生徒が増えてきているのを受けて、一昨年度より「Tコース」を設置しました。この「Tコース」は東大をはじめとする最難関大学を目標にした特別カリキュラムで学習するコースです。2年生から設置され、東大等の受験指導に熟知した精鋭教師陣が授業を担当します。

今年度からは1年生にも、「Tコース」の準備コースと位置づけた「プレTコース」を設置し、成績上位者に対応した授業を行っています。

また3年生では、カリキュラムの抜本的な見直しを行い、自由選択科目を大幅に増やしました。授業のない時間は、自分で決めた教科の学習を自らの計画に従って行うことになっています。その間、待機している教員に解らないところを質問したり、アドバイスを受けたりすることもできます。「受験科目が少ない生徒が必要な教科の学習を集中して効率よく進められるようになった」、開智のシステム改革の一例です。

開智の学びのキーワード「発信」「学び合い」

開智高校では、プレゼンテーション（発信）や、生徒同士で教えあう学び合い学習等、生徒が主体的に活動する学習を大切にしています。ただ受け身になって授業を聞くだけではなく、自らの意志で学び、それを発信することを数多く体験することで、社会貢献できる幅広い「真の学力」を身につけていきます。

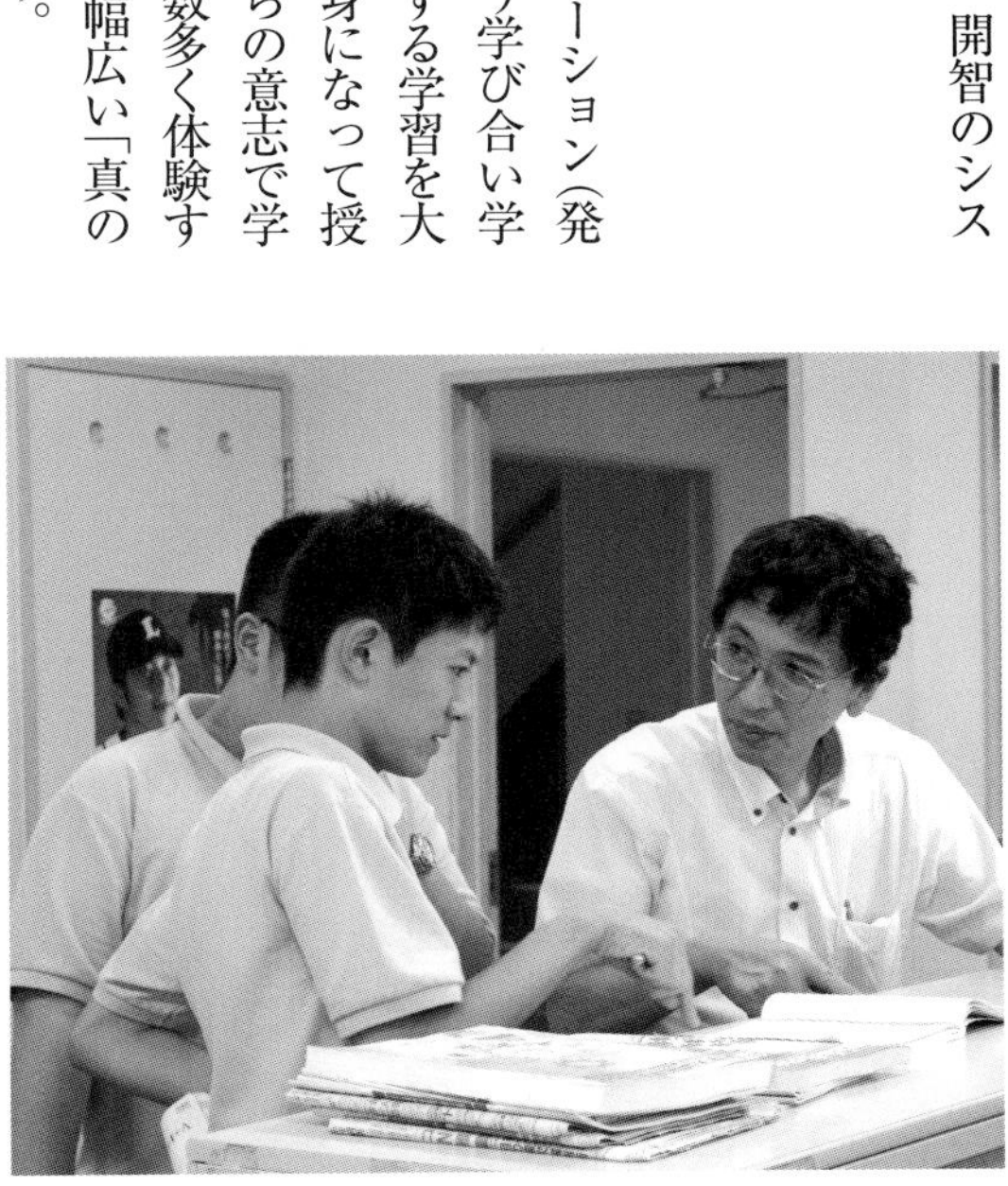

【卒業生に聞く】

～開智の学びはどう生かされたか～

栃村　亮太（さいたま市立桜山中学校出身）
S類Tコース　二〇一三度卒業
自治医科大学（医学部・医学科）入学

皆さんは開智高校にどのような印象をお持ちですか？「勉強にしか力をいれていない学校」だと思われがちですが、そうではありません。「勉強は基本であり、それ以外にも力を入れている学校」なのです。

実際、医学部受験を終えて思うことは、医学生になるために必要なのは、学力だけではなく、高度な人間性を備えていることです。今、私はプレゼンテーションやグループ学習、集団討論など、周りの学生が苦手とすることに滅法強いです。それは、開智高校で、人前で行うCI（開智高校では修学旅行と言わない）の研究発表や生徒自身が主体となって行う授業、学びあい学習、そして医系特別講座などを体験し、勉強以外の力も幅広く身につけたからだと思います。

医学部受験は学力だけでは合格できません。人間性も必要です。開智は、有志ある人がその二つを自由に選べます。ぜひ入学し合格を勝ち取ってください。

ミステリーハンターQの
歴男歴女養成講座
春日 静
中学1年生。カバンのなかにはつねに、読みかけの歴史小説が入っている根っからの歴女。あこがれは坂本龍馬。特技は年号の暗記のための語呂合わせを作ること。好きな芸能人は福山雅治。
山本 勇
中学3年生。幼稚園のころにテレビの大河ドラマを見て、歴史にはまる。将来は大河ドラマに出たいと思っている。あこがれは織田信長。最近のマイブームは仏像鑑賞。好きな芸能人はみうらじゅん。
ミステリーハンターQ
（略してMQ）
米テキサス州出身。某有名エジプト学者の弟子。1980年代より気鋭の考古学者として注目されつつあるが本名はだれも知らない。日本の歴史について探る画期的な著書『歴史を掘る』の発刊準備を進めている。

天保の改革

3回にわたり江戸の三大改革を学ぶ最終回。
水野忠邦の「天保の改革」はどんな特徴があるだろうか。

MQ 江戸時代の三大改革の最後は天保の改革だ。

静 天保の改革は水野忠邦がやったのよね。

MQ 水野忠邦は現在の静岡県浜松の城主で、1841年（天保12年）、老中首座として改革を始めたんだ。

勇 改革が必要なほど、幕府は大変だったんだ。

MQ 幕府は年貢による収入で運営されていたけど、貨幣経済の発達で、財政は逼迫《ひっぱく》していたんだ。と同時に全国的に飢饉《ききん》が起こり、農村が疲弊《ひへい》し、一揆が多発した。武士も困窮していたんだ。

静 水野忠邦は天保の改革でなにをしたの？

MQ 農村復興による年貢収入の確保を図るため、都市に流入している農民を農村に返す「人返令《ひとかえしれい》」を発した。また、全国に奢侈《しゃし》、すなわちぜいたくを禁止する倹約令を出した。
さらには芝居、寄席なども規制して、風俗の粛正方針を打ち出し、歌舞伎役者の生活にまで口を出したんだ。

勇 これはなんだかいき過ぎみたいだね。

MQ このため、江戸市民の反発を買い、江戸町奉行からも反対意見が出たほどだった。

静 財政再建はうまくいったの？

MQ 物価の高騰を沈めるために、いまでいう業界団体である株仲間を解散させ、自由に商売ができるようにしたんだけど、流通システムが混乱して、かえって物価があがってしまったんだ。

勇 改革はあまりうまくいかなかったんだね。

MQ 最終的には、「上知（地）令」といって、江戸や大坂周辺の大名や旗本の領地を幕府直轄地にして、幕府への税収を確保しようとしたんだけど、大名、旗本の猛烈な反対を受けた。最後は将軍、家慶までもが反対したというから、よほど評判が悪かったんだろうね。結局、水野忠邦は改革を始めてからわずか2年で失脚してしまい、天保の改革は失敗に終わったんだ。

静 幕府以外も財政再建は必要だったんでしょ。

MQ 薩摩、長州、土佐といった西国の雄藩は、財政再建、新田開発、人材の登用などで、経済基盤を安定させていった。明治維新は天保の改革から、わずか25年後の出来事だけど、幕府が改革に失敗したことで、維新は早まったとする説もあるんだよ。

老中
水野忠邦

「二」のつく四字熟語

「二」の字が入っている四字熟語を見てみよう。

「二束三文《にそくさんもん》」は2束でわずか3文の価値しかない、という意味。2束とは本来、草履《ぞうり》2足のことで、そこから、とても値段の安いことを言うようになったんだ。「バナナ安いよ。二束三文の投げ売りだ」なんて使うこともあるね。

「二人三脚」は2人で肩を組み、その内側の足を結びつけて走る競技だ。運動会でもやるよね。そこから、2人が助けあって物事を成し遂げたり、成し遂げようとするときに使う。「友だちと二人三脚で、レポートを完成させた」などと言うよ。

「一石二鳥」は石を1つ投げて、鳥を2羽落とすことが語源だ。そこから、1つのことで2つの成果をあげることを言うようになったんだ。「消費増税は税収アップとデフレ脱却の一石二鳥を狙ったものだ」というふうに使う。「一挙両得」も同じ意味だね。

「二者択一」は2つのなかからいずれか1つを選ぶこと。「答えはAかBか、二者択一です」というわけだ。

3つから選べば「三者択一」、略して三択、4つから選べば「四者択一」、四択だね。

「二律背反《にりつはいはん》」は相互に矛盾する2つの事柄が、それぞれ自分が正しいと主張して、両立しないことだ。「Aくんの主張とBくんの主張は相容れない。二律背反だ」と使うことができる。

「遮二無二《しゃにむに》」はがむしゃらに、なりふりかまわず、という意味。「遮二無二頑張って、テストで1番になった」と言いたいね。

「唯一無二」はたった1つだけあって、2つとはないことだ。「彼は唯一無二の親友だ」というように使う。

「二六時中」は1日中ということ。江戸時代までは1日を昼と夜を6等分ずつしたので、2×6で12となることから「二六時中」と言ったけど、明治以降は1日が24時間になったので、4×6で、「四六時中」とも言うようになったんだ。

「二股膏薬《ふたまたこうやく》」。二股は内股のこと。膏薬は練り状の塗り薬のこと。内股に膏薬を塗ると、両方の内股にくっつくことから、あっちこっちにくっついて定見や自分の意見のない人を軽蔑して言う言葉だ。「内股膏薬」とも言うよ。

あたまをよくする健康

今月のテーマ

爪

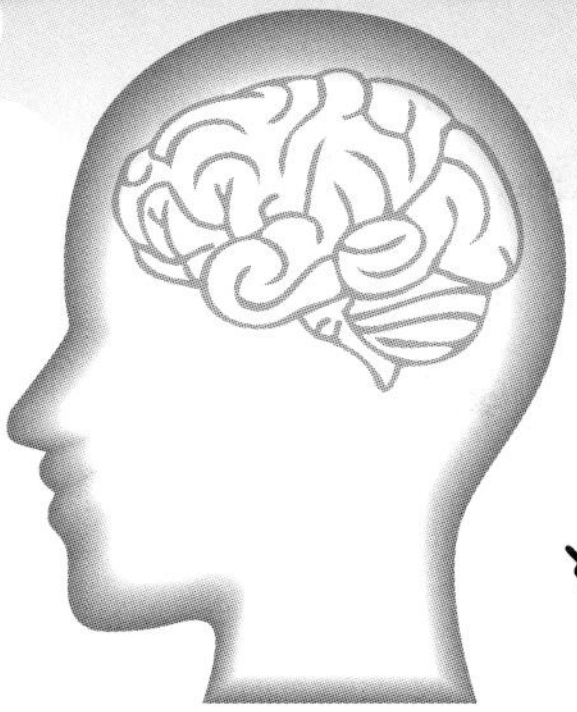

ナースであり
ママであり
いつも元気な
FUMIYOが
みなさんを
元気にします！

by FUMIYO

ハロー！　Fumiyoです。お行儀が悪かった私は、昔、おばあちゃんに「○○さんの爪の垢《あか》を煎じて飲ませてあげたいわ～」とよく言われていました。爪の垢って汚いのに、どうして飲むのだろう…と不思議に思っていた子ども時代でした。

普段の生活では、爪のことを意識する機会はあまりないですが、割れてしまったり切りすぎてしまったりと、爪をほんの少し傷つけてしまっただけで、指がうまく使えないということもありますよね。爪がきちんとした状態を保っていることで、指先に力を入れることができたり、小さいものも上手につかむことができるのです。今回はそんな爪について理解を深めていきましょう。

爪の構造を見てみると、私たちが普段爪と呼んでいる透明な部分は「爪甲《そうこう》」といい、表面からは見えない爪の根元は「爪根《そうこん》」、爪甲が乗っている部分は「爪床《そうしょう》」と呼ばれています。爪は、爪根にある「爪母《そうぼ》」と呼ばれるところで作られます。できたての爪はまだ柔らかく、乳白色をしています。これが、爪の根元で三日月の形をしている「爪半月《つめはんげつ》」です。爪半月は、外からの刺激にとても弱いため、爪上皮《そうじょうひ》（甘皮《あまかわ》）に覆われています。

爪甲は爪床としっかりくっついているため、簡単にははがれませんが、伸びて爪床から離れた白い部分（爪先）は、支えがなくなってしまい、もろくなってしまいます。そこで、爪を切ったり整えたりするのです。

また、爪は皮膚の一部で、表皮の角質が硬くなってできたもので、爪の成分はタンパク質の一種であるケラチンです。厚さは、人によってさまざまですが、大体0.3～0.65㎜と言われています。

爪がピンク色に見えるのは、指先に張り巡らされている毛細血管が、透明な爪甲から透けて見えるからです。ピンク色の爪は健康な証拠であり、爪の色や状態を見て、病気を見つけることもできるんです。

では、それぞれの色によってどんな病気が隠れている可能性があるか、見てみましょう。

＊**白っぽい色→**貧血、肝臓の病気が隠れている恐れが。

＊**黄色→**水虫の可能性もありますが、肺や気管支、リンパに関する病気が隠れている可能性も。

＊**赤色→**多血症の恐れがあり、脳血栓や心筋梗塞を引き起こしてしまう可能性も。紫がかった赤みの場合はチアノーゼであるとも考えられます。

＊**黒色→**悪性の腫瘍を患っている場合や、ホルモンの異常、メラニン色素の増加で起こることもあります。

続いて、爪の表面の様子についてです。

＊**縦の線→**原因としては加齢、ダイエット、栄養不足などが考えられます。

＊**横の線→**体調不良や精神的ストレスなどの健康状態により見られます。

＊**ばち指→**爪根と爪甲の境目のくぼみがなくなり、太鼓のばちのようになる状態で、さまざまな病気が隠れている可能性があります。

このように、爪の色や状態から体調の変化や病気を見つけることができます。受験に向けて健康な状態を保つのは大切なことなので、今度爪を切るときは健康状態のチェックも兼ねて、自分の爪を観察してみましょう！

Q1

手の爪は1日にどのくらい伸びるでしょうか?

①0.1㎜　②0.2.㎜　③0.3㎜

正解は、①の0.1㎜です。

爪母の部分から爪先まで伸びるのには、約５～６カ月かかるそうです。ちなみに足の爪の伸びはさらにゆっくりで、１日に約0.01㎜伸びると言われています。

Q2

足の爪でとくに多いトラブルはどれでしょう?

①巻き爪　②水虫　③ささくれ

正解は、②の水虫です。

足は靴のなかで蒸れて、一番細菌が増える場所ですので清潔に保ちましょう。巻き爪もよく見られますが、爪の切り方に注意することで予防できます。

共学1期生
男子 239名
女子 133名

平成26年4月男女共学スタート!!

第一志望大学への現役進学を力強くサポートする3つのコース

知の構造を革新 **S特コース** グローバルな探究力を育て、東大などの最難関国立大を目指す	本質的な学びを育成 **特進コース** 自ら学ぶ力を高度に育て、難関国公立大・早慶上理を目指す	自ら考える力を育成 **進学コース** 高度な基礎学力を育て、GMARCH・中堅私大を目指す

高等部教育方針

習のベースとなる日々の授業では「自ら考え学ぶ」ことを重視した新しい学習指を実践。身につけた学力を高度に活用できる創造的学力を育む「探究（S特コー』『ライフスキル（特進・進学 コース）」の授業、豊かな人間力を培うオリジナルテスト「人間力をつける」と合わせて、グローバル社会で自分の力を十二分に発揮社会の発展に貢献できる人材となるために必要な力を鍛えていきます。

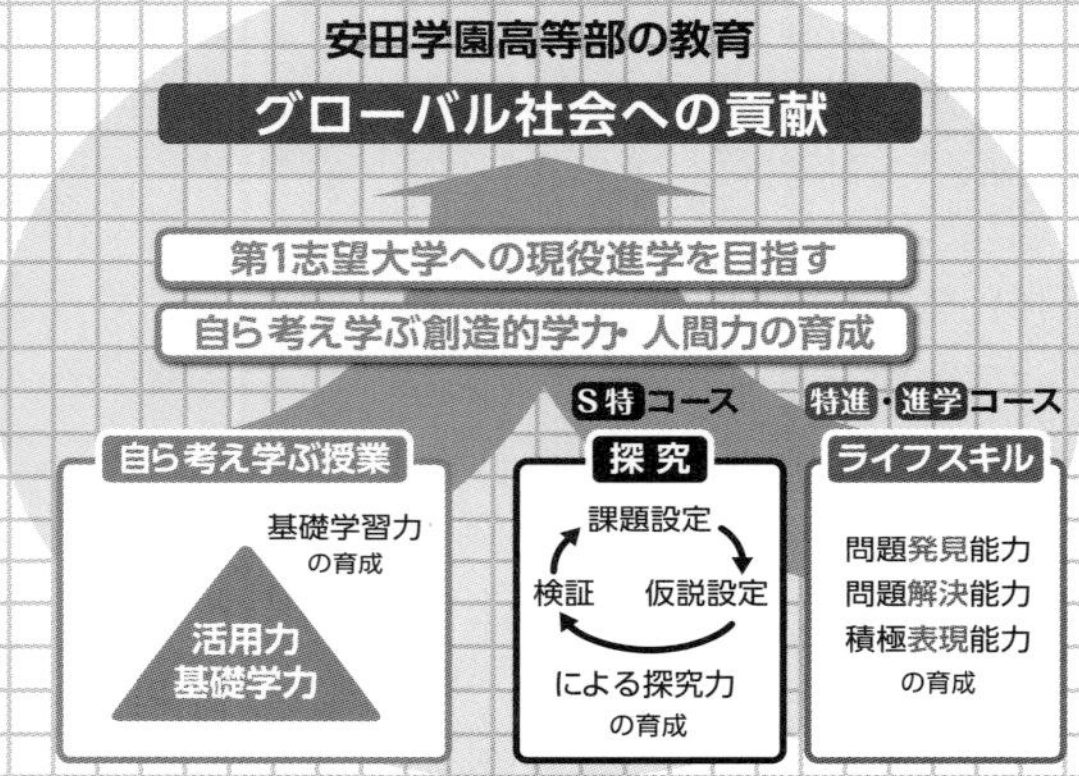

特進・進学コースの取り組み

習への強い関心を持たせると同時に、高度な基礎学力と基礎学習力を育てます。、目標に向かう意欲を高めることにより、グローバル社会に貢献できる資質やを培います。授業では、自分で考えることによる知識や考え方を学び取る学繰り返しなどによる着実な積み上げ学習を大切にし、それらを関連付けて学ぶ的学力へと発展させ、第1志望大学への現役進学を実現します。

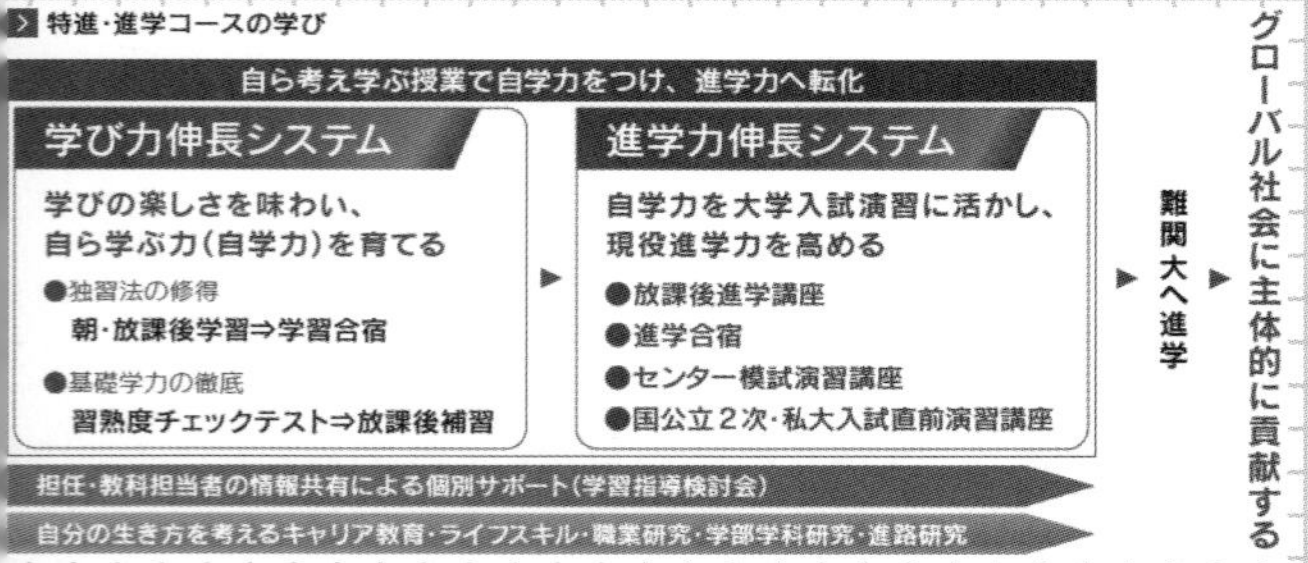

◆S特コースの取り組み

S特コースでは「一人ひとりに最適なアシストを」をスローガンに、放課後の弱点克服講座や進学講座（約2時間）、夏・冬休みの『東大対策講座』などきめの細かい補習・講座を数多く用意しています。

また、入学直後の生徒は能力も得意・不得意科目も人それぞれです。その生徒一人ひとりに対し「高校生としての」学習法や「自ら考え学ぶ」とはどういうことなのかをレクチャーする入学前の【事前全体説明会】を皮切りに、S特コーススタッフ全員の熱意あふれる万全なサポート体制で生徒一人ひとりの目標の実現を応援していきます

探究 S特コース

1・2年で行われる「探究」の授業では、自分なりの疑問を見つけ、それについての仮説を立て、検証を行うというサイクルを体験していきます。その過程を通じて、より高次なレベルの疑問が生まれ発展していくといった創造的思考力が育まれていきます。1年次では、文系・理系のそれぞれの実際のテーマでのグループ探究を通し探究基礎力を習得、論文を作成します。2年次には、それを英訳しシンガポールにおいて現地大学生にプレゼン、そのテーマについてディスカッションします。そしてこれらの集大成として個人でテーマを決めて探究を行い、安田祭で発表します。

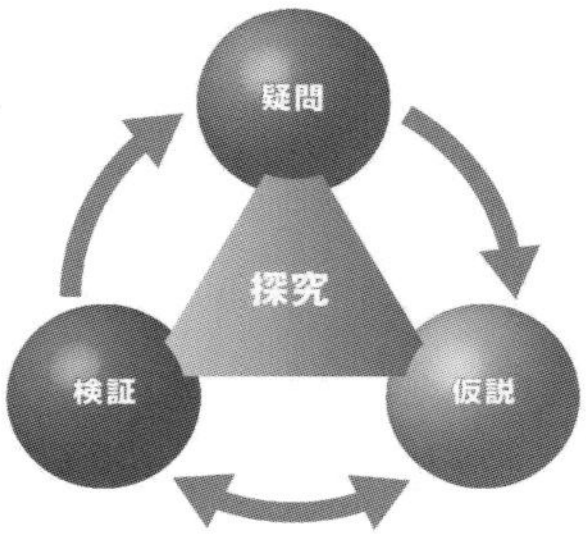

平成27年度 高校入試 学校説明会		
9月6日（土） ①10:00～ ②14:30～	11月8日（土）14:30～	
10月4日（土） ①10:00～ ②14:30～	11月29日（土）14:30～	
	12月6日（土）14:30～	

安田祭（文化祭） 11月1日（土）・2日（日）
10:00～15:00
入試相談会を開催します
※掲載している日程以外でも学校見学個別相談ができます。
事前にお電話でお申し込みください。
※各回とも入試相談コーナーを設けております。
※予約申込方法など詳細は本校ホームページをご覧ください。

安田学園高等学校

〒130-8615 東京都墨田区横網2-2-25
E-mail nyushi@yasuda.ed.jp

入試広報室直通 0120-501-528 FAX.03-3624-2643
交通アクセス JR両国駅から徒歩6分 都営大江戸線両国駅から徒歩3分
ホームページ http://www.yasuda.ed.jp/ 安田学園 検索

SUCCESS NEWS

サクニュー!! ニュースを入手しろ!!

産経新聞編集委員
大野 敏明

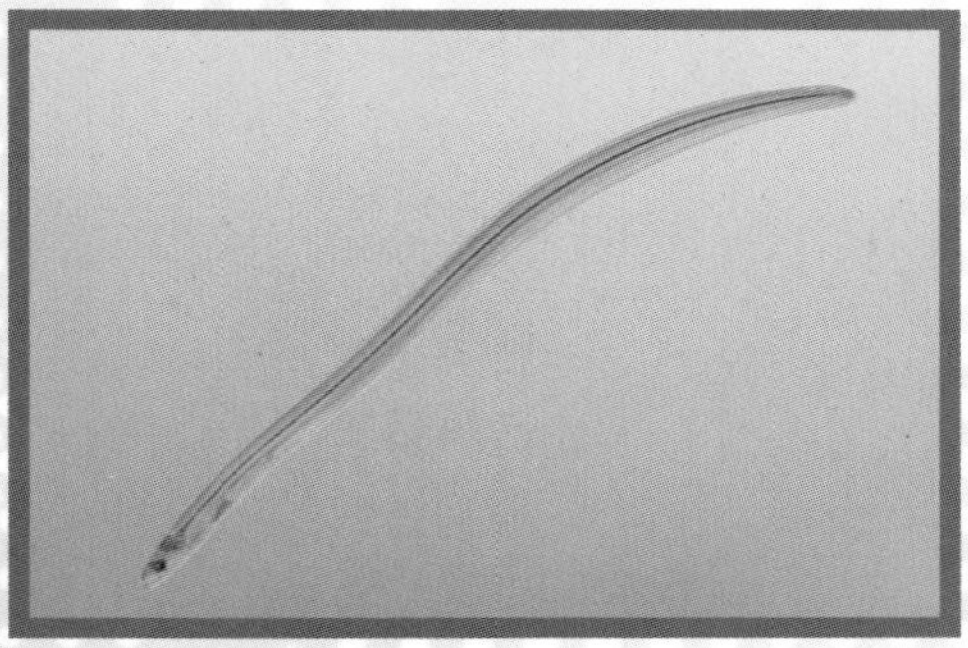

◀PHOTO
愛知県水産試験場内水面漁業研究所の養殖実験に用いられるニホンウナギの稚魚、シラスウナギ（2014年愛知県西尾市）写真：時事

今月のキーワード

ニホンウナギ絶滅危惧種に

国際自然保護連合（IUCN、本部・スイス）は6月、ニホンウナギについて、「レッドリスト」に「絶滅危惧種」として掲載したと発表しました。

しかし、拘束力があるわけではないので、ただちにウナギが食べられなくなるわけではありません。ですが、ウナギ関係の業者やウナギ好きには深刻な影響が出ることが予想されます。

IUCNは1948年（昭和23年）に設立された日本を含む世界85カ国の政府と各国の自然保護団体、科学者らで作る自然保護機関です。

IUCNのレッドリストには「絶滅」から「情報不足」まで８種類の分類があり、今回のニホンウナギは深刻度で上から４番目の「絶滅危惧１B」とされました。

ウナギは世界に19種類がありますが、日本で消費されているウナギの、ほぼすべてがニホンウナギです。日本人はウナギ、とくにウナギの蒲焼きが大好きで、世界の７割を消費しているといいます。国内で消費されるウナギは年間、約３万3000t。その99%は稚魚であるシラスウナギを海外から輸入して、国内で養殖したものです。輸入の半分は中国からです。

日本における消費は年々拡大して、1980年代にはヨーロッパのヨーロッパウナギが流通するようになりました。しかし、その結果、ヨーロッパウナギは激減して、2009年（平成21年）のワシントン条約で国際取引が規制されてしまいました。今回、IUCNはヨーロッパウナギの前例を踏襲しないためにも、日本に対して、ウナギの消費拡大を抑制することを狙ってレッドリストに掲載したものと考えられています。

ニホンウナギの激減の主たる要因は乱獲ですが、環境の汚染も理由の１つです。かつては国内の河川などでもウナギは豊富に獲れましたが、環境悪化で激減しました。ニホンウナギは海で孵《ふ》化《か》しますが、海洋の環境悪化も問題です。

２年後の2016年（平成28年）にはワシントン条約の会合が南アフリカで開かれる予定ですが、もし、この会合で、ニホンウナギが絶滅危惧種とされれば、輸出入が規制されるおそれがあります。そうなると、現在のような大量消費は不可能になり、流通量が激減して、価格も大きく高騰することになるでしょう。そうならないためにも、今回の掲載を契機に、ウナギの消費の在り方を見直すとともに、国際的な資源管理のシステムを作っていかなくてはならないでしょう。

IN GREEN FOREST, BLUE SKY & SUNSHINE. REITAKU HIGH SCHOOL

麗澤の森

「ありがとう」から始める教育があります

子どもたちが社会へと巣立つとき、グローバル化した社会を生き抜くために必要な本当の力は単に、知識や学力をやみくもに高めるだけでは身につかないと私たちは考えています。感謝の気持ちに基づく“思いやりの心”を育むことで豊かな人間性を養い、その上に深い英知と強靭な体力を身につける——。みずみずしい感性と柔軟な思考、高い吸収力を備えている中高時代だからこそ伸びやかな環境の中で、「感謝の心」「思いやりの心」「自立の心」をしっかりと育んでいきたいと考えています。それは、人種を越え、国境を越えてさまざまな人々と共に生きる“未来の社会”を生きていくために不可欠な力。麗澤中学・高等学校は、他者の思いに寄り添いながら、自分の心と真摯に向き合い、
いつも感謝の気持ちを大切にする高潔な人間性の上に、高く強固な知力と強くしなやかな体力を身につけた 21 世紀のグローバル社会を託せる人を育成してまいります。

高等学校学校説明会

8/24(日)　14:30～16:00

高等学校入試説明会

10/4(土)　14:30～16:00
10/26(日)・11/16(日)　10:30～12:00

＊学校説明会・入試説明会では、各回とも説明会終了後に「寮見学と寮の説明」「施設見学」「個別説明」を実施します。

高等学校ミニ入試説明会 ＜要予約＞

12/14(日)・1/10(土)　午前の指定時間

寮体験サマーチャレンジ ＜要予約＞

8/21(木)～8/23(土)

公開行事［中高合同開催］

9/12(金)麗鳳祭［文化発表会］・9/13(土)麗鳳祭［展示会］
2/21(土)ニューズプレゼンテーション［ILコース］

麗澤高等学校

Access
JR 常磐線［東京メトロ千代田線直通］『南柏駅』より東武バス［約 5 分］『廣池学園』下車

277-8686 千葉県柏市光ヶ丘2-1-1　Tel：04-7173-3700　http://www.hs.reitaku.jp

今月の1冊

サクセス書評

9月号

『鷹のように帆をあげて』

「タカを飼う女子中学生」なんて想像できる？

◆『鷹のように帆をあげて』

著／まはら三桃
刊行／講談社
価格／1400円＋税

「鷹匠《たかじょう》」という言葉を聞いたことがあるだろうか。鷹匠とは、タカなどの鳥を訓練し、その鳥を使って狩りをする人のことだ。現代では、それだけではなく、害獣の駆除なども行っている。

2年ほど前に、テレビや新聞で取り上げられていた「鷹匠」の女子高生を覚えている人もいるかもしれないね。

その女子高生（当時）の鷹匠、石橋美里さんと作者の出会いがもとになって生まれた小説がこの『鷹のように帆をあげて』だ。

ある出来事をきっかけにタカの「モコ」を飼うことにした福岡に住む中学1年生の葉山理央。じつは鳥は飛ぶ必要がなければところかまわず飛ぶことはないのだけれど、理央はどうしてもモコを空高く飛ばせたいと考えて、そのための試行錯誤を重ねていく。

いまの時代、インターネットで調べればなんでもわかりそうなものだが、生まれてから1年間（理央に飼われるまで）、ペットショップのなかで暮らしていたモコを飛ばせるのは簡単ではなく、理央は次々と壁にぶつかっていく。

そんなときに福岡のお隣り佐賀県で鷹匠をする女子高生、平橋美咲のことを知る。

彼女のもとを訪れ、タカを育てるための知識や心がまえを教えてもらい、決意を新たにした理央は、福岡に戻り、よりいっそうモコの訓練に力を入れるようになる。

平橋さんから聞いた、英語の鷹匠についての本に書いてあった「いっぱい、いっぱい、いっぱい愛してあげなさい」という言葉を胸に、モコといっしょにいる時間をできるだけ増やした理央は、タカという、本来自分でエサを手に入れる生きものとともに暮らすことで、中学生にしてさまざまなことを体感していく。

はたして、理央は立派にモコを空高く羽ばたかせることができるのだろうか。理央とモコ、その周囲の人たちとの心温まるエピソードとともに、現代にもまだ、こうして鳥とともに生きる人たちがいて、さらにその世界がどんなものなのかを、タカが空を雄大に飛翔する描写から感じさせてくれる。

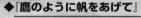

幸せを呼ぶレシピ

武士の献立

2013年／日本
監督:朝原雄三
『武士の献立』
Blu-ray発売中
4,800円＋税
発売・販売元:松竹

戦乱を支えた包丁侍の料理

戦乱の時代、「食」は藩の勢力を示し、戦への士気を高めるものとして、重要視されました。料理人として藩に仕え、主君とその家族の食事を作り、ときには諸国の大名をもてなす人々は「包丁侍」と呼ばれました。この映画は、江戸時代に実在した加賀藩の包丁侍・舟木伝内とその息子夫婦の生き方を描いた作品です。

舟木家では長男が亡くなり、次男である安信が父の跡を継ぎ包丁侍になることになりました。しかし、剣の道を歩んでいた安信の料理の腕前は未熟です。そこで伝内は料理上手の春を連れてきて結婚させますが、剣の道に未練が残っている安信は包丁侍の役目にやりがいを感じられません。そんな姿を見たしっかり者の春は、妻として、安信が一人前の料理人になるよう献身的に尽くします。次第に夫婦としてのきずなを深めていく２人に心が温まります。

戦乱の世を、包丁侍という斬新な切り口で描いている本作では、当時の料理を見て楽しむこともできます。強く美しい春を演じた上戸彩は日本アカデミー賞優秀主演女優賞を受賞しました。

シェフ！
～三ツ星レストランの舞台裏へようこそ～

2012年／フランス
監督:ダニエル・コーエン
『シェフ！～三ツ星レストランの舞台裏へようこそ～』
DVD発売中
3,800円＋税
発売元:ギャガ　販売元:エイベックス・ピクチャーズ

美食の国で奮闘する2人

サブタイトルの通り、レストランの三ツ星を守ろうと苦悩する名シェフ・アレクサンドルと、料理への情熱と才能を持ちながらもチャンスをつかめずにいる料理人ジャッキーの２人を主人公とした物語です。

料理を愛するジャッキーは、その異常なまでのこだわりから客とトラブルを起こしては、レストランをクビになってしまう日々を送っていました。そんなある日、ジャッキーの料理の腕前が偶然アレクサンドルの目にとまり、助手にスカウトされます。

料理に対して融通の利かないジャッキーにイライラしながらも、料理人として初心の心を思い出していくアレクサンドル。そんな２人の掛けあいは楽しく、笑いを誘います。

また、料理の才能とは裏腹に、生き方の不器用な２人の料理人が、失敗や過ちを犯しながらも、まっすぐに歩んでいく姿に好感が持てます。

ジャッキーの妻やアレクサンドルの娘など、フランス女性の凛とした美しさも本作のスパイスとなっています。

南極料理人

2009年／日本
監督:沖田修一
『南極料理人』
Blu-ray発売中
3,800円＋税
販売元:バンダイビジュアル

食事は最大の楽しみ

外気温氷点下54℃という日本から約１万4000㎞離れた南極の地で働く人々がいます。彼らは南極観測隊員。そして、そのなかには隊員の食事を作る料理人がいます。彼らがいったいどんな食事をしているのかのぞいてみましょう。

隊員は全部で８名、料理人・西村の赴任期間は１年半です。食料は缶詰や冷凍食品といったものばかりですが、西村は工夫を凝らしながら肉のローストやラーメンなど、さまざまな料理を作り食卓を盛りあげます。

極寒の地で和気あいあいと食卓を囲む隊員たちの姿がユーモアと笑いを織り交ぜながら描かれています。なかでも伊勢海老の料理が食卓に並ぶシーンは大笑い間違いなし！

娯楽のない南極で生活する隊員たちにとって食事は最大の楽しみです。決して行儀のよい食べ方とは言えませんが、彼らの姿を見ていると、こちらまでお腹が空いてきます。そして、エンディングで西村が１年半の任務を経て家族と食べるランチシーンも印象的です。食事の大切さや喜びを改めて感じられる作品です。

なんとなく得した気分になる話

生徒　先生

身の回りにある、知っていると
勉強の役に立つかもしれない知識をお届け!!

偏差値っていったいなに？

キミ、最近、勉強さぼり気味なんじゃないか？

やる気になれないんだよね。

家に帰ってなにしてる？

帰ってすぐに、洋服に着替えて塾に行ってる。

先生も昔、塾に通っていたな。

その昔の先生の塾ってクラスはあった？

クラス？

そう。勉強のできる順にっていうか、クラス分け試験でクラスができているみたいな。

あったよ。

イヤじゃなかった？

でも、それがあったから、勉強したよ。それがなかったら、勉強しないだろ？

そうなんだよね…。

あ！　もしかして、キミ、塾でクラス落ちした？　それで、勉強にやる気がでないわけだね。だからといって勉強しないと、もっと偏差値がさがるぞ！

頭ではわかっているんだけど…。なかなか偏差値ってあがらないじゃん。

キミの偏差値は60あるかないかぐらいかい？

そう。そこからあがらない。どうしたらいいのかな。

学校の先生の私が塾のことを言うのはちょっとなんなんだけど…（笑）。まず、偏差値の仕組みを知るといい。「偏差」とは「自分の得点－平均点」のことなんだ。つまり、自分の成績を平均からみようと言うわけ。詳しく言うと高校2年生の数学なんだけど、偏差値とは
偏差値＝$\frac{\text{偏差}}{\text{標準偏差}}$×10＋50

簡単に言えば、$\frac{\text{偏差}}{\text{標準偏差}}=\frac{\text{平均点から見た自分の位置}}{\text{そのテストの点数の散らばり具合}}$なので、そのテストの得点している人の点差が大きい場合は偏差値は大きく変化しないわけ。逆に得点している人の点差が小さい場合には、偏差値が大きく変化するので、みんなができなかったテストで自分１人できがいいと偏差値は大きい値、つまりチョーいい偏差値になる。ちょっと難しいかな？

なんか、説得力あるよ。

ちなみに$\frac{\text{偏差}}{\text{標準偏差}}$に10をかけるのは、この数値が小さい値なのでわかりやすく大きく見せるためで、最後に50を足すのは、マイナスを防ぐためなんだよ。

マイナスを防ぐ？

そう、ちょっとイメージしてみてほしい。キミが平均点以下の成績だったら偏差はどうなる？

偏差は「自分の得点－平均点」だから自分が平均点以下だとマイナスになる。

そう。じゃあ、キミの成績が平均点と同じだったら、偏差はどうなる？

偏差は０。そっかあ！　だから平均点だと偏差値50って言うんだ。

そういうこと。だから偏差値をあげるということは、平均からの評価だから、簡単に言えば、周りより勉強しなきゃいけないってことなんだよ。

そうだね。周りより勉強すればあがる。ちょっとでも多くやればってことだよね？　ところで、先生は塾に通ってたころ、一番上のクラスだったんでしょ？

いや、上から2番目のクラスだったな。

やっぱり、先生は優秀だったんだね。

そうでもないよ。だって全部で２クラスだったから（笑）。

一番下のクラスってこと？

まあ、そうとも言う（苦笑）。

Q 立体図形の問題が思うように解けません。

数学は苦手ではないと思っていましたが、過去問を始めたところ立体図形の問題に歯が立たないことが多くなりました。数学的センスがないと立体図形の問題はなかなか解けないのでしょうか。なんとかしてマスターしたいです。

（横浜市・中３・FY）

A 自分で図を描くことでイメージがつかみやすくなります。

高校入試において図形の問題はしばしば出題され、とくに私立高校入試においては、立体図形（空間図形という言い方もあります）に関する出題が多くあります。

立体図形が出題される理由は、設問の指示を的確に読み取り、そこに用いられる図形の性質を正しく応用できるかどうかを試すことができるからでしょう。

なかでも多くの受験生が苦手とするのが、立体の切断に関する問題や立体から展開図を想像して答えを求めるタイプの出題です。これらは一見難しそうに見えますが、決して数学的センスを要求されるというものではなく、既習事項を組みあわせて考えることが基本となります。立体図形と言っても、思考の基礎はその立体の一部を取り出した平面図形の問題とも言えます。ですから、まずは設問指示にしたがって自分で図を描くことから始めましょう。そうすれば問題がなにを問いかけているかが見えてきます。それでもわからないときは立体の見方を変えてみることも有効です。

立体図形については慣れが必要で、いくつかの問題を集中的に解いてみることが最適の学習法でしょう。塾のテキストや過去問で出会った問題を、自分で図を描きながら丁寧に解くことを繰り返すことで、立体図形にも慣れ、次第に考え方が身についてくるはずです。面倒がらずに、自分で図を描いてみることを、ぜひやってみましょう。

Success Ranking

JR線駅別乗車人員数ランキング

今回は、JR東日本とJR西日本のデータから、駅別の乗車人員数のランキングをご紹介しよう。みんなのよく利用する駅はランクインしているだろうか。こうした駅別の乗車人員数は、JR線以外に私鉄各線でも発表していることが多いので、色々調べてみるのもおもしろそうだ。

JR東日本駅別乗車人員

順位	駅名	人員（1日平均　単位：人）
1	新宿	751,018
2	池袋	550,350
3	東京	415,908
4	横浜	406,594
5	渋谷	378,539
6	品川	335,661
7	新橋	254,945
8	大宮	245,479
9	秋葉原	240,327
10	北千住	203,428
11	高田馬場	201,513
12	川崎	197,010
13	上野	181,880
14	有楽町	167,365
15	立川	160,411
16	浜松町	155,784
17	田町	144,433
18	大崎	143,397
19	蒲田	139,728
20	吉祥寺	139,282

※2013年度JR東日本

JR西日本駅別乗車人員

順位	駅名	人員（1日平均　単位：人）
1	大阪	413,614
2	京都	189,486
3	天王寺	134,028
4	京橋	130,045
5	三ノ宮	119,125
6	鶴橋	94,636
7	広島	71,510
8	神戸	66,935
9	高槻	62,469
10	新今宮	61,925
11	岡山	59,941
12	明石	51,858
13	新大阪	49,839
14	元町	49,236
15	北新地	48,016
16	姫路	47,023
17	茨木	44,319
18	尼崎	41,793
19	住吉	34,715
20	垂水	34,434

※2012年度JR西日本

受験情報

神奈川公立

来年度の入試日程決まる

神奈川県教育委員会は7月4日、来春の2015年度入試日程を発表した。

【全日制・共通選抜】

■募集期間
2015年1月28日（水）～30日（金）

■志願変更　2月4日（水）～6日（金）

■学力検査　2月16日（月）

■面接・特色検査
2月16日（月）～18日（水）

■合格発表　2月27日（金）

◇

【全日制・共通選抜二次募集】

■募集期間
2015年3月3日（火）・4日（水）

■志願変更　3月5日（木）～6日（金）

■学力検査　3月10日（火）

■合格発表　3月16日（月）

千葉公立

来春入試の前期・後期検査内容を発表

千葉県教育委員会は7月10日、来春2015年度の千葉県公立高校入試「前期選抜」での、各校の「選抜枠」（80％＝全日制では 44校83学科、60％＝全日制では102校105学科）、「第２日の検査の内容」、「志願理由書を提出する学校」（全日制では20校42学科）、また、「後期選抜」で各校が「必要に応じて実施する検査の内容」等について取りまとめた。「前期選抜」では、2015年2月12日（木）に５教科の学力検査を実施、翌13日（金）に各学校の特色に応じて１つ以上の検査を実施し、「後期選抜」では、3月2日（月）に５教科の学力検査を実施するほか、各校が必要に応じて面接等の検査を実施する。

詳細は千葉県教育委員会HPまで。

15歳の考現学

人間は感情の動物ではあるが それはコントロールできるようになる

ストレスとどのようにつきあえばよいか

高校入試において、これからの追い込み期は、随分と貴重な時間だと言えます。最大の理由は、受験勉強にその精力をつぎ込むことができるからです。

気をつけなくてはならないのはストレスです。そのことでせっかくの貴重な時間を空費しかねません。

ストレスといってもモヤモヤとしたものから激しい感情まで、その表れ方はさまざまです。少なくとも、喜怒哀楽の感情に支配され、とくに喜びや楽しみはともかく、かなりの時間、怒りや、哀しみの感情に支配されてはいないか、時折、自身の心のなかをチェックしましょう。

1日の多くの時間をそうした気持ちで過ごしていることがわかったならば、これはただちに改善が必要です。その日1日をどう過ごしたかを考えるとき、通常はどう「行動」したか、を思い出しますが、この場合は、自身の心のなかのことを思い出し、心の状態をみます。これは内観などとも呼ばれます。

すると、今日は怒ってばかりだ、とか、哀しんでばかりだ、とかということに気づきます。

その日のおもな出来事と、それに対してどう思ったかを箇条書きにし、そして感情の色分けをするとどうなるのか、という分析でもいいです。

それを自分自身ではやりにくいとか、どのような感情か仕分けしにくいとかの不安がある場合は、親しい第三者に分析してもらうのもよいでしょう。

もし、1日中、怒・哀に感情支配されていることが多いならば、第一にしなくてはならないことは、それに気づいて是正していくことです。

トレーニングともいえるのですが、1日を例えば午前中で区切って仕分けしてみて、もし怒りがち、哀しみがちであるとわかれば、午後からは自戒し、そうなりがちなところをこれではいけない、と努力して修正するのです。自身の感情はコントロールできる、それは真実です。

コントロールするための方法は、もちろん人さまざまです。でも基本は、自分自身の心のあり方は、他人や状況によって左右されやすいの

森上《もりがみ》 展安《のぶやす》

森上教育研究所所長。1953年、岡山県生まれ。早稲田大学卒業。進学塾経営などを経て、1987年に「森上教育研究所」を設立。「受験」をキーワードに幅広く教育問題をあつかう。近著に『教育時論』(英潮社)や『入りやすくてお得な学校』『中学受験図鑑』(ともにダイヤモンド社)などがある。

だ、そして、それはよくないことだ、と強く思えることが大切なのです。

人間は弱い。哀しいこと、つらいこと、悔しいこと等々あれば、心はブルーになるものです。それ自体は健全な心の働きですから、なんら責められるべきことではありません。

ただ一方で、人間は強いのです。心を励まし、局面を打開する行動に出ることもまたできます。その行動の指針はシンプルです。「楽観的であれ」ということと、1日1日、あるいは1週間ごとの「前進を糧とする」心を持つことです。

感情はコントロールできる 読書でトレーニングも

ストレスを持って過ごすと、勉強は身につきません。見れども見えず、聞けども聞こえず、といったことになります。

では、ストレスはどこから生まれるのでしょうか。心に葛藤が生じるのはなぜでしょうか。

それこそ物語文の登場人物の心の動きをフォローするようなものですね。感情移入という言葉を使ったりしますが、登場人物のような気持ちになる、ということです。物語文でできるなら、現実の人間関係でも相手方の立場にも立てるでしょう。

それは無理！　という言葉が返ってきそうですが、それではあなたの感情の軸はどこにあるのでしょうか。もちろん、自己にあり、自尊感情にあります。しかし、それは相手にもあるのですね。

「エピジェネティクス」という言葉はご存じですか。これまで、人間は遺伝子によって設計されますから、個体個々の新しい設計というものはない、と考えられていました。

しかし最近、個々の細胞が対応して、新しい形質を獲得していく、ということがわかってきました。この考え方は、とても新しいので、大人でも、必ずしもよく理解している人はそう多くはありません。

でも、岩波新書近刊で『エピジェネティクス～新しい生命像をえがく』が出ましたから、これからは新しい常識として多くの人に認識されていくことでしょう。

この科学的知見の教えるところは状況に応じて自己を守り応答性を高める、ということが細胞レベル、個体レベルで行われ、次の世代へ形質として伝えられる、という事実です。

果たしてそのことを筆者自身がどこまで理解できているか自信がありませんが、遺伝子（DNA）情報だけが私たちの形質を作るのではない、という事実は、従来の科学の知見とは大きく異なります。

つまり、観念的に言えば、先天的なことですべてが決まる、ということではなく、個体単位の働きかけでも形質が受け継がれる、つまり、個性が形成される、という受け取り方でよいのではないでしょうか。

とすると、よい生活習慣をつけ、よい状況対応をしていけばその気質もよい形で受け継がれるでしょう。自身の軸を作るときに、そうした自分自身をよりよく保つという意識が、大切になります。

1日1日のよい形成が、その後の自分自身を作っていくのだ、とすれば、ストレスを作り出す感情をモニターして、なるべく感情をどう動かせばよい状況になるのか、に気をつけたいですね。

小説には、その感情教育の意味があって、思春期に小説を読むことは、大人になったときの感情の動かし方をそこに書いてあるのだ、と考えるとよいでしょう。

感情の動かし方について教科書があるわけではありませんが、いわゆるビィルディングロマンと分類される成長物語は、おおむね感情教育だ、と考えるとよいでしょう。

この感情の動かし方こそ、ストレスを避けて心身をよい状態に保つ方法です。

その意味では、小説の多くは虚構だとはいえ、感情の動きは、現実をなぞったものです。

感情を教育しないで、状況に流されるまま、感情のままに行動すれば、さまざまな問題に直面し、ただちにストレスを抱えることになります。

『次郎物語』に代表されるような良質の成長小説ばかりが世の中にあるわけではありませんから、みなさんは少なくとも古典的名著と呼ばれる作品に接することで心の動かし方を学びうるのだ、ということを知り、かつ実行してほしいと思います。

もちろん、小説ばかり読んで教科の勉強が進まない、ということになってはいけません。

毎晩の就寝前に読書をする、通学電車のなかで読む、など小さな隙間の時間を見つけて充実した感情教育の時間を持ちたいものです。

神奈川県内私立高校の入試システム

首都圏に限らず、近年、公立高校の入試制度が見直され改められてきました。当然、その流れは私立高校の入試にも大きな影響を与えています。首都圏では、それまで2回の入試を行ってきた埼玉、神奈川の公立が1回入試に1本化したのが大きな変化です。ここでは今春、制度改革2年目を終えた神奈川に目を向けてみます。

公立校の入試制度変更の影響を受けて推薦Ⅱは廃止

神奈川県の公立高校入試は、2013年度から前期・後期の2回選抜制を一本化した1回選抜制の「共通選抜」へと変更されました。

初年度は「新制度がどのような影響を与えるのかわからない」という不安から、安全策をとる受験生が多く、併願の私立高校も倍率があがる傾向が出ましたが、公立の制度変更2年目となったこの春の2014年度入試は、私立高校入試も落ち着きを見せました。

ただ、旧制度時以上に私立高校との併願やスケジュールの詳細確認が必要となっていることは間違いありません。

例えば、私立高校のなかには、公立高校の入試後でも出願可能な二次募集を実施している学校もあります。

入試が終わって「行く高校がない」などということのないよう、二次募集情報などにも気を配り、早め早めに中学校の先生に相談することが対策の1つです。

今回は、入試制度が変化を見せている神奈川県内の私立高校の入試システムについてお話しします。

神奈川に限らず、私立高校は、入試日程などの入試システムを各校が独自に決めています。

その内容は各校によりさまざまですが、大きく分類すると、神奈川県内の私立高校入試は1月下旬に実施される「推薦入試」と2月中旬に実施される「一般入試」に分けることができます。

推薦入試

神奈川県内私立高校の推薦入試は、1月22日より開始されます。

推薦入試は第1志望者を対象としており、他の公立・私立高校を併願することができません。つまり、「受かったらその高校に進む」という約束をして受験するものと考えてください。

原則として学力試験は実施せず、調査書を提出し、面接や作文で合否が決定されます。

公立高校が2回の試験を行っていたころは、推薦入試には単願の「推薦Ⅰ」と公立前期と併願可能な「推薦Ⅱ」がありました。

この方式を利用する受験生は多くはありませんでしたが、学力検査を受けずに合格を決められるので、一部受験生には歓迎されていました。

しかし、公立の入試機会一本化を受けて、2013年度入試から「推薦Ⅱ」は廃止されました。その結果、私立高校の推薦入試は私立高校を第1志望とする受験生のための入試となり、公立高校との併願を希望する受験生は、すべて私立高校の一般入試を受験することになったのです。

数は多くはなかったものの、「推薦Ⅱ」と一般入試とに分散していた、公立高校第1志望層の私立志願者の入試機会も、自然と一本化されることになりました。

なお、東京都内の私立高校の一部で可能であった神奈川公立との併願推薦もなくなりました。

さて、神奈川県内の私立高校の多くでは、この推薦入試と一般入試の2回、受験機会があることに変更はありません。

しかし、公立高校第1志望で私立高校を併願する受験生は、いま述べたように、必ず私立高校の一般入試の方にも出願することになります。

推薦入試のシステムに話を戻しましょう。推薦入試の合否判断は、調査書と面接や作文で行われます。

推薦入試は、中学校の先生と高校の先生との間で行われる「事前相談」を経てから出願することになります。この「事前相談」の基礎データとなるのが「推薦基準」です。

この推薦基準は、具体的な数値で示されます。私立高校側からほとんどの高校が「内申」を基準数値としています。

事前相談で推薦基準をクリアしていれば、ほぼ合格という学校もあれば、推薦基準は出願のための最低ラインという学校もあり、基準数値の意味も学校によって異なりますのでよく調べましょう。

なお、例年高倍率である男子校の**慶應義塾**などでは、推薦入試でも不合格になる生徒も多くいます。

■推薦入試の特徴

・学力試験は原則なし
・私立1校のみを受験
・公立との併願はできない
・中学校校長の推薦が必要
・入学手続き締め切りは合格発表日後に各高校が設定

一般入試

神奈川県内の私立高校の一般入試は2月10日より開始され、多くの学校がこの日に入試を実施します。

また、一般入試では公立高校との併願が可能な優遇制度などを実施している高校もあります。

各高校でどのような制度が実施されているか、またそれぞれの入試制度の特色についても確認しておくとよいでしょう。

多くの学校が3教科の学力検査（国語・数学・英語）と面接による試験を実施しています。

私立一般入試には4パターンがある

神奈川県内の私立高校の一般入試には、以下の単願、併願、オープン入試、書類選考の4種がありますので、その特徴をよく理解しましょう。

■一般入試（単願）※専願とも呼ばれます

・学力試験あり
・私立1校のみを受験
・公立との併願はできない
・中学校校長の推薦は不要
・試験日は2月10日以降
・入学手続き締め切りは合格発表日以降に各高校が設定

■一般入試（併願）

・学力試験あり
・私立1校のみを受験
・公立と併願可
・中学校校長の推薦は不要
・試験日は2月10日以降
・入学金以外の納入金の締め切り日は、公立共通選抜の合格発表の翌日以降、各高校が設定する

■オープン入試

・学力試験あり
・私立も公立も併願可
・試験日は2月10日以降
・入学金以外の納入金の締め切り日は、公立共通選抜の合格発表の翌日以降、各高校が設定

※オープン入試とは入試当日の試験の成績のみで合否が決定される方式です。内申点でほぼ合否が決まる推薦入試とは異なり、純粋に実力を問われる試験方式です。

■書類選考

・学力試験なし
・公立・私立との併願可
・中学校校長の推薦は不要
・試験を受けにその高校に行く必要はなし
・締め切りは1月末ごろ
・入学金の半額程度を2月12日ごろまでに納入、という学校が多い

大学のグループごとにみた現役進学者数

安田教育研究所 代表 安田 理

高校からの大学進学記事というと、「合格者数」に関するものがほとんどです。前号でも、都立高校の大学合格者数を見てみました。今回は、ちょっと視点を変えて、「現役での大学進学者数」を、単純に高校ごとの数字ではなく、大学のグループごとに見てみましょう。

大学を3つのグループに分けて表を作成

今回使ったおおもとのデータは、大学通信が作成した現役進学者数ランキング東日本編です。

難関国立9大学（旧帝大の7大学と東工大、一橋大）、難関私立大学（早稲田大、慶應義塾大、上智大、東京理科大）、ＭＡＲＣＨグループ（明治大、青山学院大、立教大、中央大、法政大）の3つについて、現役進学率上位１００位までの表から首都圏の公立高校に絞ったものが、掲載した**表1〜3**です。ただ、難関国立9大学については校数が少ないので、北関東の3県についても表に入れました。

進学率は、そのグループの大学への現役進学者数を卒業者数で割って計算した数字です。

それでは大学グループごとに見ていきましょう。

難関国立大学へはひと握りのトップ高校から

表1には21校ありますが、首都圏（1都3県）は14校しかありません。難関国立大学ともなると、現役で進学することは容易でないことがわかります。ただ、合格者のほとんどが進学していることが、難関国立大学の最大の特徴です。辞退者は東北大に7名、北海道大に4名いることがめだつ程度です。自宅から通える大学を選んだのでしょうか。

大学合格者ランキングの表は、普通、中高一貫校を含めて作るので、つねに東京、神奈川の私立中高一貫校が上位を占めます。今回こうしたくくりにしてみて初めて、茨城が3校、栃木が2校、群馬が2校と（それも上位に出てきています）、北関東の学校が頑張っていることが明瞭になりました。

・東京の難関私立大学に進学するには下宿しなければならず、経済的に難しいため、国立志向になる。

・北関東は地理的に昔から東北大、北海道大をめざす者が多く、この2大学で数字が多くなっている。

ということが、北関東の学校が強い背景と思われます。それにしても、卒業者の5人に1人が難関国立大学に進んでいるということはすごいことです。

首都圏に限ると、東京が7校、神

奈川が4校、千葉が2校、埼玉が1校となっています。千葉は**県立千葉**と**県立船橋**、埼玉は**県立浦和**と、トップ校しかありません。

東京は7校ありますが、この7校とも「進学指導重点校」です。「進学指導重点校」は7校ですから、それがそのまま入っていることになります。神奈川の4校の内訳は県の「学力向上進学重点校」の**横浜翠嵐**、**湘南**、**柏陽**と横浜市の「進学指導重点校」の**市立横浜サイエンスフロンティア**になっています。なお、神奈川の「学力向上進学重点校」は18校、横浜市の「進学指導重点校」は3校あります。

こうして見てくると、難関国立大学に現役で20名以上進学するような公立高校はごく限られた学校であることがわかるでしょう。

表1　公立高校からの難関国立大学現役進学率ランキング（関東）

順位	高校名	所在地	進学率	東京大 現役合格者	**東京大 現役進学者**	京都大 現役合格者	**京都大 現役進学者**	北海道大 現役合格者	**北海道大 現役進学者**	東北大 現役合格者	**東北大 現役進学者**	名古屋大 現役合格者	**名古屋大 現役進学者**	大阪大 現役合格者	**大阪大 現役進学者**	九州大 現役合格者	**九州大 現役進学者**	東京工業大 現役合格者	**東京工業大 現役進学者**	一橋大 現役合格者	**一橋大 現役進学者**
1	水戸一	茨城	21.4%	15	15	2	2	5	5	31	31	2	2	2	2			5	5	7	7
2	宇都宮	栃木	19.9%	16	16	1	1	6	5	27	25	1	1	2	2	1	1	2	2	2	2
3	横浜翠嵐	神奈川	18.9%	11	11	2	2	8	8	2	2	4	4	3	3	1	1	12	12	9	9
4	高崎	群馬	17.8%	6	6	6	6	8	8	25	24	5	5	2	1	1	1	2	2	3	3
5	県立千葉	千葉	12.9%	10	10	4	4	4	4	9	9			5	5			4	4	6	6
6	県立浦和	埼玉	12.8%	17	17	5	5	5	4	7	7	1	1			1	1	5	5	7	7
6	日比谷	東京	12.8%	20	20	4	4	4	4					3	3			5	5	5	5
8	西	東京	11.7%	11	11	6	6	2	2					1	1			11	11	8	8
9	国立	東京	11.0%	9	9	2	2	3	3	1	1	1	1					10	10	9	9
10	湘南	神奈川	9.5%	10	10	4	4	2	1	3	3	1		2	2	1	1	4	3	10	10
10	県立前橋	群馬	9.5%	1	1	2	2	2	2	22	21	1	1	3	2					1	1
12	青山	東京	8.2%	3	3			5	3	2	2	1	1	1	1	1	1	3	3	9	9
13	竹園	茨城	7.8%	1	1	2	2	5	5	10	9	1	1	3	3	1	1	2	2	1	1
14	県立船橋	千葉	7.6%	5	5	3	3	2	2	2	2	3	3	1	1	2	2	2	2	5	5
15	柏陽	神奈川	7.5%	3	3	1	1	3	3					2	2			8	8	4	4
16	八王子東	東京	7.3%	5	5	1	1	4	4	2	2	1	1			1	1	5	5	4	4
17	宇都宮東	栃木	7.1%	2	2	1	1			7	5			1	1	1	1	1	1		
18	土浦一	茨城	7.0%	8	8	1	1	1	1	11	11	1	1	1	1	1					
19	市立横浜サイエンスフロンティア	神奈川	6.8%	1	1	2	2	3	3	2	2	1	1	1	1			6	6		
20	戸山	東京	6.1%	3	3	2	2			2	2			1	1	1	1	5	5	6	6
21	立川	東京	6.0%			1	1	3	2	2	2			1	1	1	1	6	6	6	6

難関私立大学は神奈川が強い

大学数が少なく、そのため欄も少ないので、この**表2**（72ページ）だけ卒業者数の欄も設けてあります。

難関私立大学になると首都圏だけでも20校になります。このうち難関国立大学と重なるのが、**横浜翠嵐**、**柏陽**、**湘南**の神奈川3校、**戸山**、**日比谷**、**青山**の東京3校、**県立千葉**、**県立船橋**の千葉2校の計8校です。この8校は難関国立にも難関私立にも強いと言えます。

都県別の内訳を見ると、東京が6校、神奈川が8校、千葉が2校、埼玉が4校となっています。難関私立大学は神奈川が頑張っていることが特徴です。難関国立大学と重なる3校以外では、**横浜国際**、**横浜緑ヶ丘**、**光陵**、**厚木**、**平塚江南**が登場しています。この5校とも「学力向上進学重点校」です。

東京は、先の3校以外、**国際**、**新宿**、**両国**が登場しています。**国際**、**新宿**は「進学指導重点校」につぐ位置づけの「進学指導特別推進校」、**両国**は併設型の中高一貫校です。埼玉では、**浦和第一女子**、**大宮**、**春日部**、**市立浦和**が登場しています。埼玉でも、**市立浦和**以外の県立は3校とも「未来を創造するリーダー育成プロジェクト」校です。このプロジェクトに指定されている学校は伝統校を中心に10校あります。

こうして見てくると、難関私立大学でも大学進学指導に力を入れる学校として指定されている学校ばかりだということがわかります。

また、**国際**、**横浜国際**のような英語に力を入れている学校が1位、2位を占めていることも難関私立大学の大きな特徴です。「英語力」を活かして上智大への進学者が多くなっています。

現役合格者数と現役進学者数の差に注目すると、慶應義塾大は差が小さく、東京理科大が差が大きいことに気がつきます。これは、慶應義塾大が大学入試センター試験利用入試を採用していない、入試科目に国語がない、小論文を課すなど、ほかの多くの私立大学と異なる入試スタイルなので、慶應義塾大の受験者は第1志望者の比率が高くなっていることによります（そのぶん受験者数は多くなりません）。一方、東京理科大は国立大学をはじめ、早稲田大、慶應義塾大の理工系受験者がみな併願するので、どうしてもこの差が大きくなってしまいます。

こうした入試の状況もこの表からは読み取れるわけです。

**表2　公立高校からの難関私立大学
現役進学率ランキング（首都圏）**

順位	高校名	所在地	卒業者数	進学率	早稲田大 現役合格者	**早稲田大 現役進学者**	慶應義塾大 現役合格者	**慶應義塾大 現役進学者**	上智大 現役合格者	**上智大 現役進学者**	東京理科大 現役合格者	**東京理科大 現役進学者**
1	国際	東京	246	30.1%	26	15	29	21	54	38	1	
2	横浜国際	神奈川	158	26.6%	16	11	12	11	31	20		
3	横浜翠嵐	神奈川	275	22.5%	110	33	61	23	38	2	32	4
4	柏陽	神奈川	279	21.9%	82	27	47	26	21	3	41	5
5	横浜緑ヶ丘	神奈川	278	20.9%	55	33	21	14	29	6	24	5
6	戸山	東京	326	19.6%	69	37	25	13	19	7	41	7
7	日比谷	東京	321	18.7%	108	23	69	23	31	7	47	7
8	湘南	神奈川	357	18.5%	99	36	45	16	28	7	32	7
9	青山	東京	282	17.7%	69	24	26	9	27	9	36	8
10	光陵	神奈川	237	17.3%	52	24	17	11	19	2	18	4
11	浦和第一女子	埼玉	365	17.0%	60	37	14	10	28	11	30	4
12	新宿	東京	317	16.7%	58	29	14	10	22	5	38	9
13	大宮	埼玉	361	16.6%	51	25	26	15	17	6	70	14
14	厚木	神奈川	315	16.5%	64	18	40	20	31	9	26	5
15	平塚江南	神奈川	314	15.3%	54	21	17	10	22	8	32	9
16	県立千葉	千葉	326	15.0%	74	21	36	14	33	10	42	4
17	両国	東京	191	14.7%	33	11	12	7	6		21	10
18	県立船橋	千葉	327	14.1%	51	24	15	9	18	7	35	6
19	春日部	埼玉	360	13.6%	35	22	19	11	12	5	32	11
20	市立浦和	埼玉	320	13.4%	38	22	16	7	23	6	22	8

MARCHは2番手校、3番手校からも可能性あり

MARCHグループになると首都圏だけでも54校もあります。それでも難関国立大学に出ていて、この**表3**にも出ている学校は**八王子東**の1校しかありません。難関国立大学に現役進学者の多い学校とMARCHの各大学に現役進学者の多い学校とはまるで別であることがわかります。

難関私立大学とは10校が重なっていますが、うち6校が神奈川の学校であることが際立った特徴です。都県別の内訳でも、神奈川が21校、東京が18校、千葉が8校、埼玉が7校となっていて、難関私立大学に続いて神奈川が優勢です。

21校のうち「学力向上進学重点校」に指定されている学校は13校。ですから、MARCHグループになると指定校以外からでも現役進学者が大勢いることがわかります。多くの学校から可能性があるわけです。

一方、東京の18校を見ると、「進学指導特別推進校」6校がすべて入っています。**町田**、**国際**、**駒場**、**新宿**、**国分寺**、**小山台**です。そのほかも「進学指導推進校」が多く入っています。**武蔵野北**、**三田**、**竹早**、**調布北**、**日野台**、**城東**、**小松川**の7校がそれにあたります。そのほかでは**大泉**、**富士**、**白鷗**の3校は併設型の中高一貫校ですから、純然たる指定校以外は**南平**1校だけになります（**八王子東**は「進学指導重点校」）。

こうした東京の状況を見ると、MARCHグループといえども一般学校から現役で進学するのは結構大変であると言えます。

千葉はどうでしょうか。千葉でも「進学指導重点校」が10校指定されていますが、おもしろいことにこの表に出てくる8校のうち「進学指導重点校」は**佐倉**1校しかありません。千葉ではそれほど「進学指導重点校」は話題になっていませんから、学力の高い層が指定校に集中するという現象が生まれていないのでしょう。

埼玉はどうでしょうか。埼玉では「進学指導重点推進校」から先に述べたように「未来を創造するリーダー育成プロジェクト」校というように名称を変え、10校を指定しています。この表に出てくる学校では**川越女子**、**大宮**、**不動岡**が該当します。が、7校のうち4校は指定校以外ですから、千葉同様指定校にこだわらない傾向にあるようです。

ですから、MARCHの各大学の場合は、東京は別として、多くの学校から現役で進学できる可能性があると考えていいでしょう。

表3　公立高校からのMARCHグループ現役進学率ランキング（首都圏）

順位	高校名	所在地	進学率	明治大 現役合格者	明治大 現役進学者	青山学院大 現役合格者	青山学院大 現役進学者	立教大 現役合格者	立教大 現役進学者	中央大 現役合格者	中央大 現役進学者	法政大 現役合格者	法政大 現役進学者
1	光陵	神奈川	28.3%	56	14	45	15	43	14	34	11	39	13
2	県立相模原	神奈川	27.6%	60	14	50	18	47	11	71	23	64	10
3	横浜国際	神奈川	26.6%	18	6	26	14	15	7	18	11	17	4
4	多摩	神奈川	26.2%	44	18	38	15	27	14	40	19	28	7
5	横浜平沼	神奈川	25.9%	47	17	33	17	34	14	18	10	41	14
6	茅ヶ崎北陵	神奈川	25.8%	35	19	38	19	23	8	33	16	44	10
7	大和	神奈川	25.4%	46	17	20	9	26	11	37	15	69	19
8	武蔵野北	東京	25.2%	47	9	22	8	57	16	39	16	74	12
9	小金	千葉	24.5%	35	18	21	13	35	18	19	7	65	24
10	三田	東京	24.1%	38	9	18	9	39	18	35	12	42	17
11	町田	東京	23.4%	49	16	29	10	25	10	46	13	51	15
12	竹早	東京	22.8%	45	15	26	10	44	15	11	2	38	11
13	市立千葉	千葉	22.3%	59	24	18	7	44	20	18	4	74	16
14	鎌倉	神奈川	22.1%	27	12	29	14	25	11	25	16	28	7
15	稲毛	千葉	21.5%	66	18	39	15	50	13	9	2	67	20
16	市立浦和	埼玉	21.3%	77	18	30	12	86	21	24	2	59	15
17	横浜緑ヶ丘	神奈川	20.9%	65	12	39	17	69	17	31	8	32	4
17	希望ヶ丘	神奈川	20.9%	57	18	40	15	40	11	26	7	41	7
19	国際	東京	20.7%	13	5	24	16	20	9	23	15	19	6
20	金沢	神奈川	20.4%	36	16	35	15	32	11	16	5	33	8
21	調布北	東京	20.2%	31	12	10	2	20	12	28	10	41	11
22	船橋東	千葉	20.1%	37	21	13	6	27	13	13	7	62	18
23	大泉	東京	19.9%	34	15	12	5	33	12	19	3	34	4
24	南平	東京	19.6%	15	4	22	15	7	3	43	20	39	12
24	薬園台	千葉	19.6%	55	19	29	10	49	17	22	5	69	12
26	蕨	埼玉	19.5%	34	16	19	12	53	22	33	9	51	13
27	佐倉	千葉	19.4%	48	22	13	7	36	11	18	8	52	15
28	県立柏	千葉	19.2%	28	12	15	9	33	21	17	6	58	14
29	日野台	東京	18.6%	10	6	15	7	13	7	44	21	36	11
30	駒場	東京	18.5%	69	17	30	8	47	19	14	7	37	9
31	厚木	神奈川	18.1%	80	14	47	9	39	10	54	16	49	8
32	新宿	東京	18.0%	90	20	27	7	55	17	36	6	56	7
33	富士	東京	17.9%	31	10	17	7	28	7	21	6	22	6
34	城東	東京	17.3%	25	14	15	5	22	10	6	4	58	22
35	新城	神奈川	17.1%	13	7	16	6	11	5	16	10	38	18
36	国分寺	東京	17.0%	63	8	33	6	36	9	50	19	73	12
37	柏陽	神奈川	16.5%	109	16	33	8	44	11	35	9	33	2
38	所沢北	埼玉	16.3%	54	15	19	9	58	9	35	9	53	18
39	川越女子	埼玉	16.2%	56	17	19	8	99	19	14	4	49	10
40	八王子東	東京	16.1%	49	13	29	11	24	8	58	13	33	6
40	大宮	埼玉	16.1%	106	24	27	9	45	9	38	12	38	4
42	小田原	神奈川	16.0%	52	15	40	13	21	1	37	14	43	8
43	海老名	神奈川	15.9%	16	6	27	16	17	4	19	15	35	16
44	松陽	神奈川	15.7%	8	5	10	9	8	5	18	11	17	7
45	平塚江南	神奈川	15.3%	57	10	35	13	31	10	36	8	36	7
46	小松川	東京	15.2%	26	12	13	7	27	11	32	6	53	12
47	浦和西	埼玉	15.1%	33	10	17	6	45	18	6	4	40	16
47	八千代	千葉	15.1%	14	8	6	5	26	15	10	8	41	13
49	市ヶ尾	神奈川	14.9%	27	11	29	9	27	11	24	7	51	21
50	座間	神奈川	14.7%	12	6	12	7	3	2	19	13	31	13
51	小山台	東京	14.6%	53	12	28	3	44	14	21	9	27	2
51	横須賀	神奈川	14.6%	39	7	28	8	29	9	27	10	26	7
51	不動岡	埼玉	14.6%	44	18	14	6	35	16	12	5	40	8
54	白鷗	東京	14.3%	39	8	16	3	34	6	7	1	45	15

大学により傾向がクッキリ

大学ごとに現役進学者が多い学校上位5校の所在地を出してみたところ、次のようになりました。

○明治大…千葉、埼玉、千葉、千葉、東京

○青山学院大…神奈川、神奈川、神奈川、神奈川、東京、神奈川（5位・6位同数）

○立教大…埼玉、埼玉、千葉、千葉、東京、埼玉（5位・6位同数）

○中央大…神奈川、東京、東京、神奈川、東京

○法政大…千葉、東京、神奈川、千葉、神奈川

キャンパスの場所によりクッキリ傾向が出ていることがわかります。千葉の明治大、神奈川の青山学院大、埼玉の立教大は文字通りそうしたことが言えます。ちなみに、中央大の東京は3校とも多摩地区の学校ですから、多摩の中央大ということが言えます。

このように自宅から通える大学を選んでいるのだということもこの表から読み取れるわけです。

今回の記事から、高校受験の先、大学まで展望してもらえればと思います。

模擬試験はなぜ受けた方がよいのか

みなさんは、もう模擬試験を受けてみましたか。「中学校で受けてるよ」という人もいるかもしれませんが、ここで言う「模擬試験」とは、大きな会場や実際の高校の教室を利用し、多くの中学生が一堂に会して受ける模擬試験のことです。今回は、そんな模擬試験は、なぜ受けた方がよいのかを考えます。

みなさんは保護者の方に「模擬試験を受けたらどう?」などと言われていませんか。また、進学塾でも模擬試験を受けることをすすめられてもいるでしょう。

ではなぜ、模擬試験は受けた方がよいのでしょうか。大きな理由の1つは、模擬試験を受けることによって判明する「偏差値」にあります。偏差値によって、大雑把ではありますが、現在、同じスタート台に立っている受験生全体のなかで、自分はどれぐらいの位置にいるのかを知ることができ、その数値は志望校選択材料の1つともなります。

模擬試験と偏差値については、次回以降もお話しする機会がありますので、ここではそれ以外の「模擬試験を受けた方がよい」理由を考えてみます。

●試験に慣れる

その1つは「試験に慣れる」ということです。

模擬試験は大きな会場で実施されるため、普段、学校や塾で実施される試験とはかなり異なった雰囲気を味わうことができます。つまり、模擬試験を受けることには、試験独特の雰囲気に慣れるという効用もあるのです。

これらの模擬試験の会場には、私立高校の校舎も含まれています。自分の志望校や、気になっている学校が会場となっている場合には、その会場を選択してみるのもチャンスを広げる方法といえます。

受験本番には、どんな場面にも、ましてどんなアクシデントがあったとしても、すぐに順応して対応できるという受験生はなかなかいません。

電車に乗って試験を受けに行く、まったく知らない人ばかりのなかで試験を受ける、など、普段の校内テストとは違う環境で模擬試験を受けることが、実際の本番の入試への試金石となることはおわかりいただけると思います。

「模擬試験会場には制服で来てください」と実施機関が呼びかけているのも、少しでも実際の試験の雰囲気に近づけたいからなのです。

●模擬試験は学習の機会

もう1つの理由として「模擬試験は学習機会」ということがあげられ

ます。模擬試験は日ごろの学習の成果を試す意味がありますが、それと同じくらい、効果の高い「学習機会」なのです。

模擬試験を受けている間は、普段の学習よりはるかに高い集中力で問題に取り組んでいるでしょう。そのぶん、終わったあとでも問題の内容や解答の過程が強く印象に残ります。これを学習の一環として活用しない手はありません。

そこで、模擬試験の印象が薄れないうちに復習をしておくことは、非常に有効な学習になります。記憶が新しいうちに、自己採点し、復習しておきましょう。自己採点の目的は、模擬試験の点数を予想することではなく、実力がどこまで発揮できたかを確認し、今後の学習に必要な課題を見つけることです。

あとで、模擬試験の結果が返却されてきたときに、その自己採点の結果と見比べてみてください。そのときに、自分の解答過程を忘れてしまっていたのでは意味がありません。ですから、自己採点は、すぐにやった方がよいのです。

また、間違えた問題については、なぜ間違えたのか理由を分析してみましょう。

・考え方は合っていたが、式を立てる段階で間違えた
・単なる計算ミス
・解答内容は合っていたが条件（書き抜き、使用語句指定など）を満たしていなかった
・指定字数から推定して正解したが、意味を理解できていなかった
・理解が十分ではなかったが、消去法で正解はできた（選択式問題の場合）
・題意を取り違えて解答した
・問題の指示を見落とした（誤っているものを選ぶ問題で正しいものを選んだ、など）

正誤の実質的な意味を把握しておけば、成績が返ってきたときに、数字と実際の実力レベルとの差を知ることができます。すなわち、得点は70点だったがミスがなければ75点だった、または、偶然の正解がなければ65点しか取れていなかった、というように、成績の数字と実力のずれを把握しておくという意味です。

偶然の正解が数多くある場合に、点数を実力だと勘違いしてしまうことは危険ですし、点数は低くても実際にはもっと取れる可能性があったというような場合には、点数だけを見てがっかりする必要はありません。

また、現実的な問題として、本番においては、ミスも偶然の正解も関係なく点数がつけられるということを知るという意味でもあります（とくに、数学などで答えだけが要求される場合には、答えをきちんと導き出せたとしても、解答用紙やマークシートに写し間違えてしまえば1点にもなりません）。

偏差値のアップは模擬試験後の策にあり

これから、何回かの模擬試験を受けることになると思いますが、毎回出てくる偏差値をなんとかしてアップさせたい、というのはだれもが思うことです。

ただ、あれもこれもと勉強しても、そう簡単に偏差値はあがっていくものではありません。そこで模擬試験の返却資料を利用しましょう。注目するのはそれぞれの問題の「正答率」です。

まず、正答率が70％以上なのに自分は間違えた、という問題を探します。それが自分の弱点ジャンルなのです。そのジャンルを復習し、参考書や過去問題集などで類題を探して克服してください。それが終わったら、正答率が65％以上なのに自分は間違えた、という問題の克服に努めます。次の模擬試験でも「正答率」に注目して弱点の補強に努めます。このような方法で模擬試験を利用していくのです。

これらが、「模擬試験は受けた方がよい」という理由なのです。

●模試は何回も受けてこそ

模擬試験は、このように学習の機会でもあるのですから、数回は受験して不得意分野を自分のものにしましょう。

さらに重要なことは、一度の模擬試験では本当の実力は計れないということです。模擬試験の結果、示される偏差値は上下します。得意範囲が出題されることもあれば、見たこともない問題に出会うこともあるからです。ですから、5回、6回と受けて、その平均を自分の実力と考えた方が間違いがないのです。

自己採点で知る自らの弱点の克服が進んでいけば、模擬試験での偏差値はあがっていきます。

志望校の合格を大きな目標到達点とするならば、模擬試験は1つの区切り、自分を振り返るよい機会であり、次へのスプリングボードなのです。

7月号の答えと解説

問題　覆面算

右の例のように、計算式の全部または一部の数字を文字や記号に置き換えたものを覆面算といい、それをもとの数字に戻すパズルです。

【例題】

　すも
×　も
―――
　です

【ルール】

・1つの文字には0～9のうちの1つの数字を使用します。
・同じ文字には同じ数字を、異なる文字には異なる数字を当てはめます。
・一番左の文字に当てはまる数字は0ではありません。

【例題の解き方】

(1)「も」×「も」で一の位が「す」になるのは、「も」が0、1、5、6以外のとき。

も	2	3	4	7	8	9
す	4	9	6	9	4	1

(2)このうち、「す」×「も」の答えが2けたにならないのは、右の表から2、9の2つだけ。
(3)「も」が9のとき、「す」が1なので、19×9=171となってしまうからダメ。よって、「も」は2、「す」は4と決まり、42×2=84より、「で」は8と求められます。

【問題】

次のかけ算が成り立つように、それぞれの文字に当てはまる数字を求めると、「も」に当てはまる数字はいくつになりますか？

　　かい
×　いか
――――
　たいも
ついか
――――
いつつも

解答　3

解説

筆算の2段目、「い」×「い」に注目すると、その一の位が「か」になるのは、右の表のように「い」が0、1、5、6以外のとき。

	①	②	③	④	⑤	⑥
い	2	3	4	7	8	9
か	4	9	6	9	4	1

①「い」＝2、「か」＝4のとき、筆算の2段目、42×2が3ケタにならないので、適しません。
②「い」＝3、「か」＝9のとき、筆算の2段目、93×3=2**7**9 より十の位が「3」にならないので、適しません。
③「い」＝4、「か」＝6のとき、筆算の1段目、64×6=38**4** より、一の位が「4」になってしまうので、適しません。
④「い」＝7、「か」＝9のとき、右のようになって、適します。
⑤「い」＝8、「か」＝4のとき、筆算の1段目、48×4=1**9**2 より十の位が「8」にならないので、適しません。
⑥「い」＝9、「か」＝1のとき、筆算の1段目、19×1が3けたにならないので、適しません。

　　9 7
×　7 9
――――
　8 7 3
6 7 9
――――
7 6 6 3

以上より、「も」に当てはまる数は、3だけになります。

中学生のための

学習パズル

今月号の問題

英語クロスワードパズル

カギを手がかりにクロス面に単語を入れてパズルを完成させましょう。
最後にa～fのマスの文字を順にならべてできる単語を答えてください。

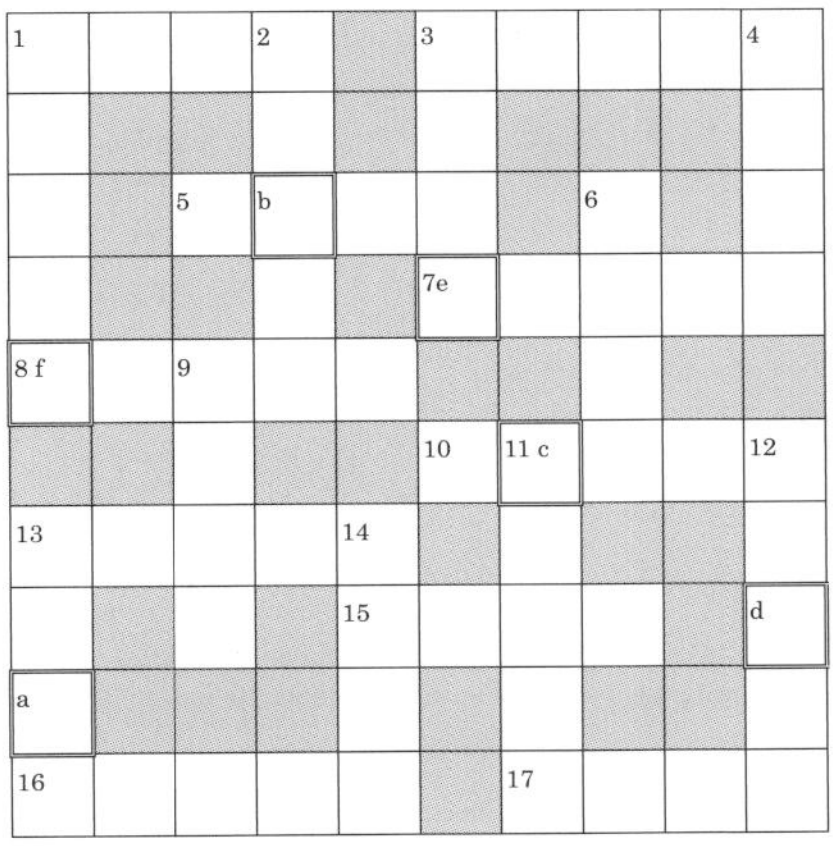

ヨコのカギ（Across）

1 He ____ s well.（彼は泳ぎがうまい）
3 dog ____（乱闘、空中戦）
5 The garden is ____ of beautiful flowers.（庭は美しい花でいっぱいです）
7 Time is ____ .≪ことわざ≫
8 ⇔day
10 盗む。盗塁する
13 Hudson、Thames、Amazon …といえば？
15 This car is ____.（この車は私たちのものです）
16 food and ____（飲食物）
17 What is the matter ____ you?（いったいどうしたんだ）

タテのカギ（Down）

1 One week is ____ days.
2 Good medicine is bitter to the ____.≪ことわざ≫
3 フィルム。映画
4 “Are those your bags?” “Yes、____ are”
6 ____ upon a time（昔々）
9 ____ up（やめる。あきらめる）
11 投げる。ほうる
12 Don't make me ____.（笑わせないでくれ）
13 There is no royal ____ to learning.（学問に王道なし）
14 岩。岩石

7月号学習パズル当選者

全正解者32名

中井　優さん（千葉県我孫子市・中3）
高月　榛さん（東京都世田谷区・中2）
玉田　奈月さん（東京都荒川区・中1）

応募方法

●必須記入事項

01 クイズの答え
02 住所
03 氏名（フリガナ）
04 学年
05 年齢
06 右のアンケート解答
「ヨコハマトリエンナーレ」「国際鉄道模型コンベンション」「北斎展」

（詳細は81ページ）の招待券をご希望の方は、「○○展招待券希望」と明記してください。

◎すべての項目にお答えのうえ、ご応募ください。
◎ハガキ・FAX・e-mailのいずれかでご応募ください。
◎正解者のなかから抽選で3名の方に図書カードをプレゼントいたします。
◎当選者の発表は本誌2014年11月号誌上の予定です。

●下記のアンケートにお答えください。

A今月号でおもしろかった記事とその理由
B今後、特集してほしい企画
C今後、取り上げてほしい高校など
Dその他、本誌をお読みになっての感想

◆2014年9月15日（当日消印有効）

◆あて先

〒101-0047 東京都千代田区内神田2-4-2
グローバル教育出版 サクセス編集室
FAX：03-5939-6014
e-mail:success15@g-ap.com

成《せい》蹊《けい》高等学校

問題

容器Aに12%の食塩水が80g，容器Bに7%の食塩水が入っている。容器Aからx gの食塩水、容器Bから何gかの食塩水を取り出し，それらを空の容器Cに移し，よくかき混ぜたところ，50gの食塩水ができた。このとき，次の各問いに答えよ。

(1) 容器Cの50gの食塩水に含まれる食塩の量をxの式で表せ。

(2) 次に，容器Cから容器Aにx gの食塩水を移すと，容器Aには11.25%の食塩水が80gできた。xの値をすべて求めよ。

解答 (1) $\frac{1}{20}x+\frac{7}{2}$g (2) $x=20$, 30

- 東京都武蔵野市吉祥寺北町3-10-13
- JR中央線・京王井の頭線「吉祥寺駅」・西武新宿線「武蔵関駅」徒歩20分またはバス、西武池袋線「保谷駅」・「大泉学園駅」・西武新宿線「西武柳沢駅」・JR中央線「三鷹駅」バス
- 0422-37-3818
- http://www.seikei.ac.jp/jsh/

学校説明会

10月25日（土）14：00
11月29日（土）14：00
※説明会終了後、キャンパスツアー実施（希望者）
※要上履き、履物袋

帝《てい》京《きょう》大《だい》学《がく》高等学校

問題

図のように，半径10cmの円Oに点Aから接線を引き，接点をBとする。また，点Aから円の中心Oを通る直線を引き，円Oとの交点をAに近い方からC，Dとする。さらに，∠CABの二等分線を引き，線分BC，BDとの交点をそれぞれE，Fとする。BD＝2BCのとき，次の各問いに答えよ。

(1) 線分ACの長さを求めよ。
(2) BF：FDを求めよ。
(3) △BEFの面積を求めよ。

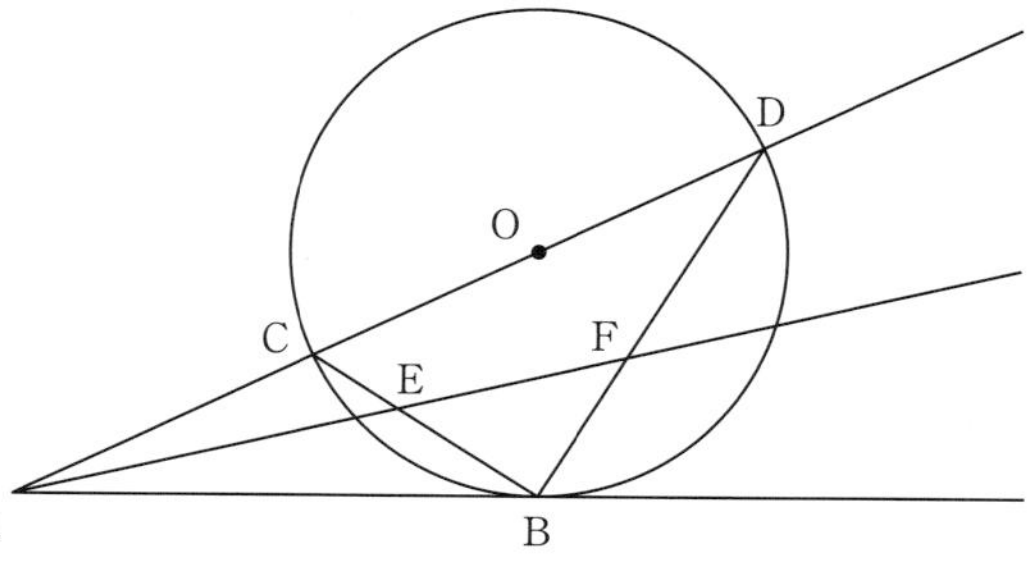

解答 (1) $\frac{20}{3}$cm (2) 1：2 (3) $\frac{160}{9}$cm²

- 東京都八王子市越野322
- JR中央線「豊田駅」・京王相模原線「京王多摩センター駅」スクールバス
- 042-676-9511
- http://www.teikyo-u.ed.jp/

学校説明会

すべて14：00～15：30
10月4日（土）
11月15日（土）
12月6日（土）

邂逅祭（文化祭）

11月1日（土）
11月2日（日）

私立高校の入試問題

栄《さかえ》東《ひがし》高等学校

問題

図のように、２点O（０，０）、A（０，12）を直径とする円があり、その中心をCとする。また、点B（０，16）からこの円に接するような直線lと円との接点をEとする。ただし、直線lの傾きは負とする。

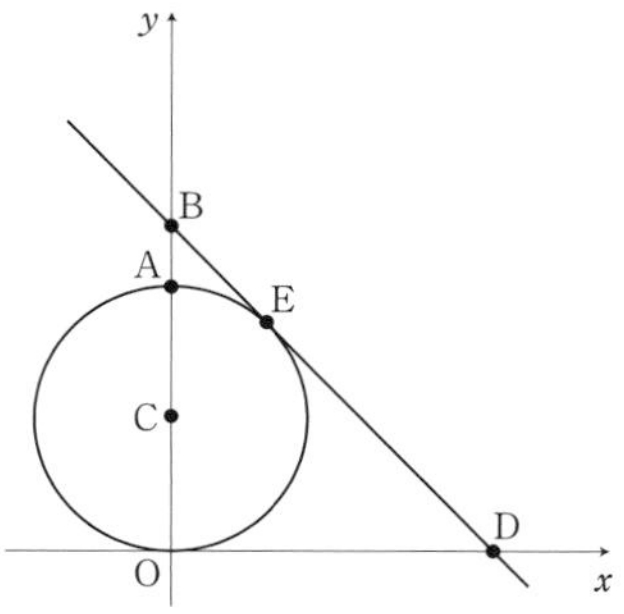

（１）BEの長さは［ 1 ］である。
（２）接点Eの座標は［ 2 ］である。
（３）直線AEの傾きは［ 3 ］である。
（４）直線lとx軸との交点をD、線分ODの中点をMとする。直線AEと直線BMの交点をNとするとき、四角形CMDNの面積は［ 4 ］である。

［ 1 ］の解答群

①5	②6	③8
④$5\sqrt{2}$	⑤$3\sqrt{3}$	⑥$5\sqrt{3}$

［ 2 ］の解答群

①$\left(3,\ \frac{53}{4}\right)$	②$\left(3\sqrt{2},\ -\frac{9}{4}\sqrt{2}+16\right)$	③$\left(2\sqrt{3},\ -\frac{3\sqrt{3}}{2}+16\right)$
④$\left(3\sqrt{3},\ -\frac{9}{4}\sqrt{3}+16\right)$	⑤$\left(\frac{18}{5},\ \frac{133}{10}\right)$	⑥$\left(\frac{24}{5},\ \frac{48}{5}\right)$

［ 3 ］の解答群

①-1	②$-\frac{1}{2}$	③$-\frac{1}{3}$
④$-\frac{2}{3}$	⑤$-\frac{3}{5}$	⑥$-\frac{4}{5}$

［ 4 ］の解答群

①36	②48	③54
④96	⑤$\frac{144}{5}$	⑥$\frac{288}{5}$

解答　［ 1 ］③　［ 2 ］⑥　［ 3 ］②　［ 4 ］③

■ 埼玉県さいたま市見沼区砂町2-77
■ JR宇都宮線「東大宮駅」徒歩８分
■ 048-666-9288
■ http://www.sakaehigashi.ed.jp/

学校説明会
すべて14：00〜15：30
９月６日（土）　10月11日（土）
11月８日（土）

入試説明会
12月14日（日）　14：00〜15：30

進学相談会
すべて10：00〜14：00
10月18日（土）　11月15日（土）
12月21日（日）　※最終受付13：00

体験学習（受験生対象）
12月14日（日）　10：00〜13：10

芝《しば》浦《うら》工《こう》業《ぎょう》大《だい》学《がく》柏《かしわ》高等学校

問題

図１のように，円柱Aが円すいに内接している。円すいの底面の半径と円柱Aの底面の半径の比は２：１である。

(1) 円すいと円柱Aの体積の比を求めよ。

(2) 円すいの底面の半径は８であった。図２のように円柱Aの上に，底面の半径が整数である円柱Bを入れる。円柱Bの体積が最も大きくなるときの，円柱Bの底面の半径を求めよ。

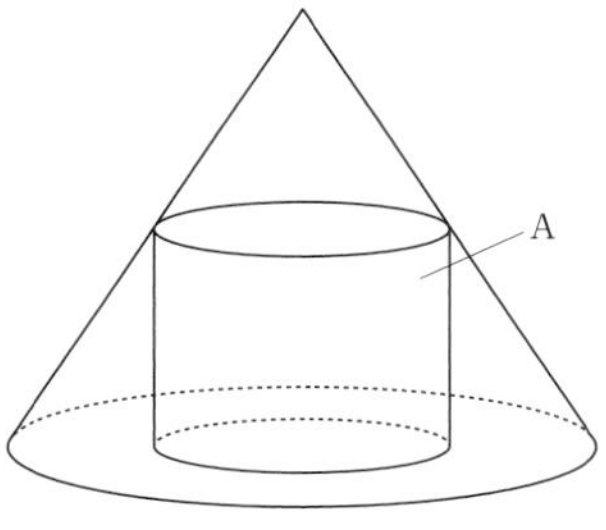

図１

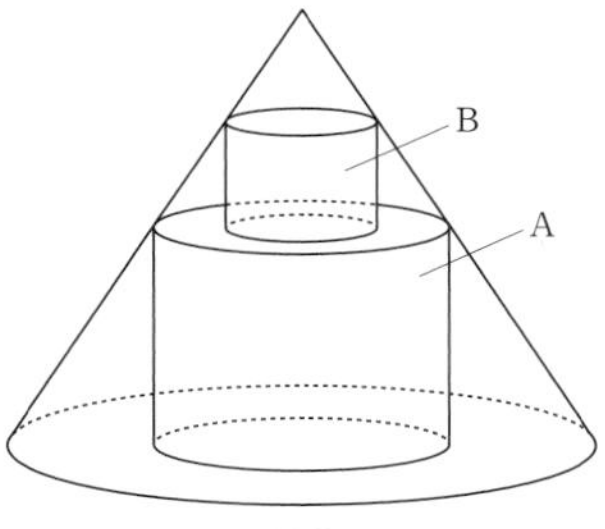

図２

解答　(1) 円すい：円柱＝8：3　(2) 3

■ 千葉県柏市増尾700
■ 東武野田線「新柏駅」徒歩25分 またはスクールバス、東武野田線「柏駅」スクールバス
■ 04-7174-3100
■ http://www.ka.shibaura-it.ac.jp/

学校説明会
両日とも14：00〜15：45
８月22日（金）　８月23日（土）

入試説明会
９月13日（土）　14：00〜16：00
10月４日（土）　10：00〜12：00
10月18日（土）　14：00〜16：00
11月24日（月祝）14：00〜16：00

増穂祭（文化祭）
10月４日（土）　12：00〜16：00
10月５日（日）　10：00〜15：00

お便りコーナー

サクセス広場

密かに自信を持っていること

切り絵です。２㎜の太さの線だけで作ったときが一番感動しました！ ネットに写真を載せてコメントが来たときの嬉しさといったら！
（中２・燐花蘭さん）

暗記力は自信があります。小学生のときは、電車の駅名とか、国の名前とか、どこまで覚えられるか自分を試して遊んでいました。
（中２・暗記科目は得意さん）

ガムをすごく大きくふくらませることができます。だからなんだって言われても困りますが…。
（中２・ムダも大事さん）

じつは**料理**がうまいんです。休日は３食全部作ることもあるくらい。
（中２・得意料理はハンバーグさん）

帰国子女でもないし、英会話を習ったわけでもないのに、先生にほめられるくらい**英語の発音**がうまいこと。結構自慢です。
（中２・ぺらっちょさん）

足の指が器用で、じゃんけんもできるし、いろんなものを挟んだりもできる。でも、あまり披露する機会がないので残念。
（中１・宝の持ち腐れさん）

夏の食べ物といえば？

かき氷！ 頭が痛いって言いながらもなぜか食べてしまいます。海とかき氷があればサイコーです。
（中１・U.Kさん）

おじいちゃんがお中元でもらう**カルピス**とか**ゼリー**とか、なんか夏って感じがします。
（中３・E.Uさん）

夏でも**ラーメン！** 自分の好物は季節関係ない！
（中３・チャッピーさん）

スイカ！ 畑で収穫したスイカを冷やして、ベランダに座ってがぶっとかぶりつく瞬間がたまらない！
（中２・メロンバーさん）

お母さんが作る、ナス、ピーマン、カボチャなどなど、夏野菜をいっぱい使った**夏野菜カレー**が大好き！
（中１・トマトも好きさん）

やっぱり**そうめん!!** 最初はあまり好きじゃなかったけど、お中元とかでたくさんもらってきたのを食べてたら好物になりました（笑）。
（中３・夏は暑いなぁさん）

辛ーい麻婆豆腐！ 食べるとよけい暑くなるけど、夏だーって実感します！
（中３・汗だくさん）

この自由研究がすごかった

友だちが「理想の家」というテーマで、**設計図とか、家の模型**とか、全部作ってた。その子の夢は建築家になることらしいので、将来有望だと思った。
（中３・へーベルンさん）

人間の限界を知るために、「人間はどれだけ長い間眠れるか」とか、「どれだけトイレを我慢できるか」など、いろんな限界に挑戦してる子がいました。
（中２・チャレンジャーさん）

友だちが**家系図**を作っていました。巻物みたいになっていて、本格的でした。どの代も兄弟が多くてうらやましかったです。
（中２・一人っ子さん）

タラコのなかの**つぶつぶの数を数えていた**人がいました。すごい根気だと思いました。
（中３・タラちゃんさん）

必須記入事項

A／テーマ、その理由　B／住所　C／氏名
D／学年　E／ご意見、ご感想など

ハガキ、FAX、メールを下記までどしどしお寄せください!
住所・氏名は正しく書いてください!!
ペンネームは氏名のうしろに(　)で書いてネ!
【例】サク山太郎（サクちゃん）

あて先

〒101-0047　東京都千代田区内神田2-4-2
グローバル教育出版　サクセス編集室
FAX:03-5939-6014
e-mail:success15@g-ap.com

募集中のテーマ

「○○の秋といえば?」
「好きな授業」
「引っ越しの思い出」

応募〆切 2014年9月15日

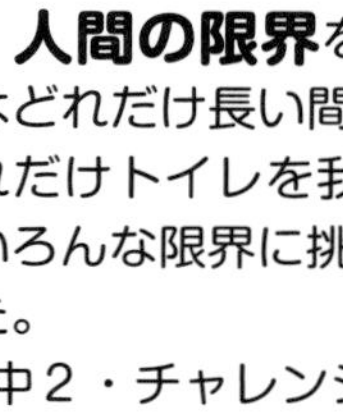

ケータイから上のQRコードを読み取り、メールすることもできます。

掲載されたかたには
抽選で図書カードをお届けします!

掲載にあたり一部文章を整理することもございます。個人情報については、図書カードのお届けにのみ使用し、その他の目的では使用いたしません。

サクセス イベントスケジュール

8月～9月

世間で注目のイベントを紹介

Art

ヨコハマトリエンナーレ2014

8月1日（金）～11月3日（月祝）
横浜美術館　新港ピアほか

ヴィム・デルボア《Flatbed Trailer》2007　©Studio Wim Delvoye, Belgium Courtesy of MONA, Australia

「ヨコハマトリエンナーレ2014」の招待券を5組10名様にプレゼントします。応募方法は77ページを参照。

3年に１度開催される現代アートの国際展

トリエンナーレとは、３年に１度開催される国際美術展覧会のこと。今回で５回目となる横浜トリエンナーレは、横浜市を舞台とする現代アートの国際展だ。今回のテーマは「忘却」。２つの主会場のほか、さまざまな施設においても連携プログラムが企画され、横浜の街全体でアートを体感し「忘却」巡りの旅を体感できる。中高生向けのワークショップもあるので、気になる人はチェックしてみよう。

Exhibition

第15回 国際鉄道模型コンベンション

8月22日（金）～8月24日（日）
東京ビッグサイト

「国際鉄道模型コンベンション」の招待券を5組10名様にプレゼントします。応募方法は77ページを参照。

日本最大級の鉄道模型の祭典

国際鉄道模型コンベンションの目玉は、全国のモデラー（模型製作を趣味とする人のこと）たちによる鉄道模型の出展だ。風景を切り取ったかのような細密なジオラマと、そのなかを走りまわるさまざまな車輛たちの姿は、鉄道模型ファンならずとも思わず見入ってしまうはず。持ち込んだ自分の模型車輛を運転できるコーナーや、有名駅弁が食べられる飲食スペースなど、見どころ満載のイベントだ。

Art

ボストン美術館 浮世絵名品展 北斎

9月13日（土）～11月9日（日）
上野の森美術館

葛飾北斎　《富嶽三十六景 神奈川沖浪裏》　天保２年（1831）前後　William Sturgis Bigelow Collection　Photograph ©2014 Museum of Fine Arts, Boston. All rights reserved.

「北斎」展の招待券を5組10名様にプレゼントします。応募方法は77ページを参照。

鮮やかな色彩に感激！葛飾北斎の浮世絵展

江戸時代の浮世絵師・葛飾北斎の展覧会が開催される。約５万点を保有するアメリカ・ボストン美術館の浮世絵コレクションは、多くのものが近年まであまり公開されなかったことから、保存状態がとてもよいのが特徴で、まるで摺りあがったばかりのような鮮やかな色彩を残しているものが多い。このボストン美術館のコレクションのなかから、約140点の北斎の浮世絵を紹介。抜群に美しい「北斎」が見られる。

Art

だまし絵Ⅱ 進化するだまし絵

8月9日（土）～10月5日（日）
Bunkamura ザ・ミュージアム

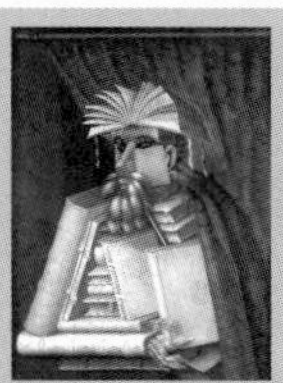

ジュゼッペ・アルチンボルド《司書》　1566年頃　油彩・キャンヴァス　スコークロステル城（スウェーデン）Photo: Samuel Uhrdin

遊び心あふれるだまし絵の世界

見る人の目をあざむく仕掛けを持つ「だまし絵」を集めたユニークな展覧会。2009年に開催され好評を博した「だまし絵」展の続編となる今回は、現代美術における「だまし絵」にスポットをあて、多岐にわたり進化していく新しい「だまし絵」の世界を紹介している。あっと驚くような遊び心あふれるさまざまな工夫が凝らされているうえに、芸術性も備えた多彩な「だまし絵」を体感しよう。

～サクセス18のご紹介～

サクセス18は早稲田アカデミーが
創った現役生難関大学受験専門塾です。

昨年比アップ!!
東京大学 63名合格!

過去最高数更新!!
早慶上智大 530名合格!

高い合格率 27%
2014年早稲アカ合格率
参考 22%・22%
GMARCH理科大 655名合格!

早稲田 232名合格
慶應 145名合格
上智 153名合格

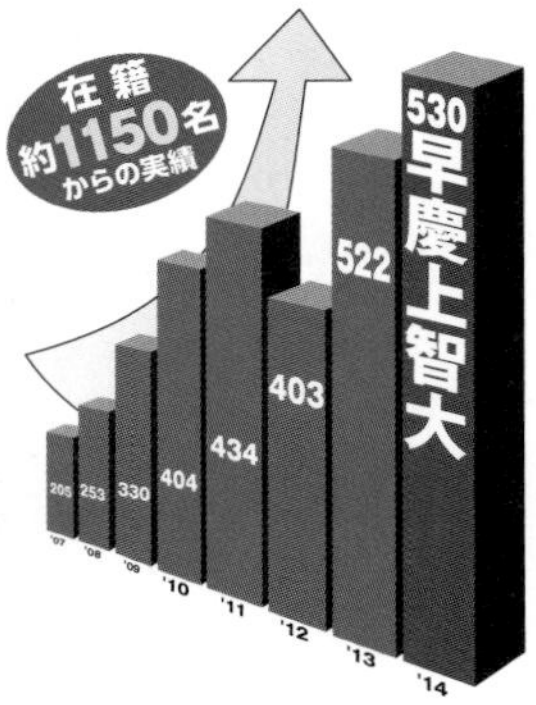

●2014年度 大学入試合格体験記

東京大学［文科Ⅰ類］合格
早稲田大学［法学部］、明治大学［法学部］

歌代 彩花（国立筑波大学附属高校）

学校生活を楽しみながら

高校1年のはじめからサクセス18に通って、英数国の3科目を受講していました。高校1年生なんて正直受験を意識して勉強なんてできないし、学校の行事や部活を楽しむべきだと思います。しかし、受験に対する高い意識を常に持っていなくとも、サクセス18に通いつづけていたことで毎週の授業時の確認テストの準備などによって、最低限の勉強量を確保することができました。高校2年の終わりまでのこの積み重ねが、私の学力の基礎を作ってくれて、受験期に大きなアドバンテージになったと思います。ただ、後輩に注意したいのは「社会」です。私の学校は社会の進度が遅く、サクセス18でも地理は高3からしかなく、世界史も高2の終わりには中世までしか進んでいなかったのでとても焦りました。なんとか間に合いましたが、その分直前期に英数国の演習量が減ってしまい、不安に感じました。サクセス18の通常授業が始まる前に、社会は自主的に学習をしておくと授業の効果はさらに上がるし、楽だと思います。サクセス18のよい所は、必勝講座等を通じて、同じ目標を持つ仲間と出会えることだと思います。仲間と切磋琢磨できるのは、とても支えになったし、時にはライバルとしても多くの刺激をもらうことができました。とても長い時間をサクセス18で過ごしました。サクセス18の先生方、スタッフの方々、事務の方々、そして同級生のみなさん、3年間本当にありがとうございました。

東京大学［理科Ⅲ類］合格
慶應義塾大学［医学部］、東京慈恵会医科大学［医学部］、順天堂大学［医学部］

郭 昇煥（私立開成高校）

集う人間の思いをカタチに

つらかった。毎週の授業。春・夏・冬の季節講習。1日10時間の夏期合宿。全国からのライバルがしのぎを削った東大冬合宿。センター前の一週間。授業もなく、自分ひとりと戦う2月の毎日。なにかどうしようもない失敗をするんじゃないか。勉強量が足りないんじゃないか。このままじゃ落ちるんじゃないか…。いろいろと思いつめたときもあった。受験をこのままやめてしまおうかと思ったときもあった。投げ出してしまうおうか。逃げ出してしまおうか。でも、そうはしなかった。あきらめようかと思うと、いつも浮かぶ顔は、早稲田アカデミーの先生方、一緒に通った良きライバルである友達の存在だった。結局、自分を合格という結果につなぎ止めてくれたもの、それは、早稲田アカデミーという学びの場に集った仲間と、それを懸命に導いてくれた先生ひとりひとりの人間の存在だったと思う。カリキュラムも、教材も、バックアップシステムも、どれもこれも、本当に魅力的な塾が早稲田アカデミーだった。しかしなにより、この空間を支えた人間の思いが、かけがえのない私の財産であり、これから学ぶみんなにも感じ取ってほしい魅力だと思う。3年間ありがとうございました。

一橋大学［法学部］合格
慶應義塾大学［経済学部］、早稲田大学［政治経済学部・法学部・国際教養学部］、上智大学［法学部］、中央大学［法学部］、明治大学［政治経済学部］、日本女子大学［人間社会学部］

江本 磨依（私立光塩女子高校）

早稲アカでの思い出

私は中学三年から、4年間、早稲アカに通いました。こうして無事に第一志望の大学に合格することができて、改めて受験生活における早稲アカの支えの大きさに気付かされました。私が思う早稲アカの美点は、第一に精神面でのサポートです。日々の対話や定期的な面談の中でのたくさんの激励があったからこそ、私は最後まで受験勉強を頑張りきることができました。生徒を一人一人を把握した綿密なサポートは少人数制の早稲アカならではだと思います。第二に、明確な努力のすすめです。夏期合宿や必勝合宿、正月特訓など、早稲アカの指導方針は人並み以上の努力を要しますが、こうしたまっすぐな努力の蓄積は確かに結果に繋がります。そして、受験当日などの切迫した状況でこそ、早稲アカとともに歩んできた努力の軌跡は真価を発揮し、受験生を不安から解き放ってくれるはずです。4年前、早稲アカへの通塾という選択をしたからこそ、私は自分の望む結果が出せたのだと確信しています。受験生の皆さんも、早稲アカを信じてまっすぐに努力を続けて輝かしい未来を開いていってください。応援しています。

早稲田大学［創造理工学部］合格
首都大学［都市教養学部］、東京理科大学［工学部・理工学部］、明治大学［理工学部］、法政大学［理工学部］、東京都市大学［工学部］

井上 遼哉（私立東京都市大学付属高校）

早稲田アカデミーから得たモノ

私の中学3年間は、親の目が届いていないのを良いことに、勉強のモチベーションが低下していきました。中学校の勉強はどうにかなりましたが、高校ではそうはいきません。高校1年の成績は散々なものでした。そんな中で出会った塾が、早稲アカでした。早稲アカの授業はとても体系的でわかりやすく、かつ先生と生徒のコミュニケーションが多い、体験授業でそう感じた私は、早稲アカで学ぼうと決めました。2年生の夏に合宿に参加し、周りに触発され、かつ校舎でのハイレベルな仲間の存在は、私のモチベーションをさらに上げていきました。3年生になり、早稲田大学を志望していた私は、早慶必勝に参加しました。校舎より更にハイレベルな仲間との競争は、私を大きく成長させました。この頃には、スタート段階で高い目標であった早稲田大学が、現実的な目標になっていきました。入試までの期間、質の高い授業だけでなく精神的なサポートや丁寧な面談、正月特訓など様々なサポートを経て、今の合格があると思っています。私は早稲田アカデミーによって志望校へ合格できました。本当にありがとうございました。

高3対象 日曜特訓

志望校別対策コース

東大必勝コース｜**一橋大必勝コース**｜**東工大必勝コース**｜**早慶大必勝コース**｜**難関大必勝コース**

説明会＆選抜試験 **8/23㈯・31㈰**

エキスパート講師陣　少人数・学力別クラス　志望校別オリジナル教材　徹底した添削システム

［会場］▶ 東大必勝 御茶ノ水校　一橋大必勝 荻窪校　東工大必勝 渋谷校
早慶大必勝 池袋校・渋谷校・国分寺校　難関大必勝 池袋校・渋谷校・国分寺校

［料金］▶ 入塾金：10,800円（基本コース生は不要）
受講料：31,400円／ターム

※会場・時間等詳細はお問い合わせください。

池袋校	03-3986-7891	大泉学園校	03-5905-1911	調布校	042-482-0521	大宮校	048-641-4311
御茶ノ水校	03-5259-0361	荻窪校	03-3391-2011	新百合ヶ丘校	044-951-0511	所沢校	04-2926-2811
渋谷校	03-3406-6251	国分寺校	042-328-1941	宮崎台校	044-855-4481	志木校	048-476-4901

医歯薬専門予備校44年の伝統と実績

医学部完全合格68名!!

日曜集中特訓 **医学部必勝講座** 説明会・選抜試験 高3対象 無料 第2回 **8/31㈰** 第3回 **9/7㈰**

高1～高3生対象 無料
医学部推薦対策講座 8/23㈯

医学部専門個別指導 Medical 1 メディカル・ワン

早稲田アカデミー 教育グループ
医歯薬専門予備校
野田クルゼ
〈御茶ノ水〉

資料請求・お問い合わせ・各種お申し込みはお気軽にこちらへ

現役校 Tel 03-3233-6911（代）
Fax 03-3233-6922 受付時間 13:00～22:00

本校 Tel 03-3233-7311（代）
Fax 03-3233-7312 受付時間 9:00～18:00

野田クルゼの最新情報はホームページでもご確認いただけます。 野田クルゼ 検索

“個別指導”だからできること × “早稲アカ”だからできること

- 難関校にも対応できる
- 弱点科目を集中的に学習できる
- 最終授業が20時から受けられる
- 早稲アカのカリキュラムで学習できる

広がる早稲田アカデミー個別指導ネットワーク

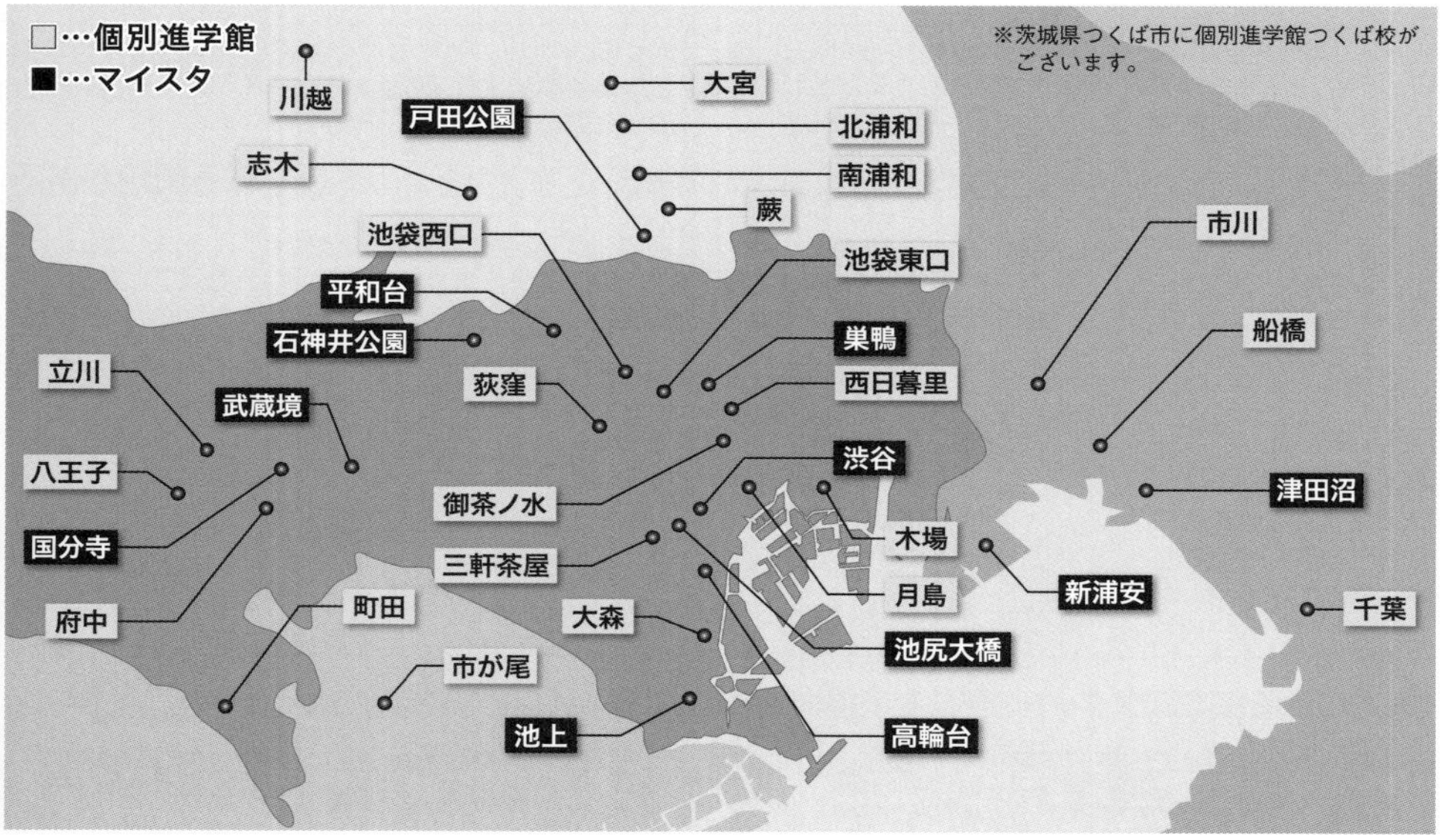

マイスタは2001年に池尻大橋教室・戸田公園教室の2校でスタートし、個別進学館は2010年の志木校の1校でスタートした、早稲田アカデミーの個別指導ブランドです。お子様の状況に応じて受講時間・受講科目が選べます。また、早稲田アカデミーの個別指導なので、集団授業と同内容を個別指導で受講することができます。マイスタは1授業80分で1:1または1:2の指導形式です。個別進学館は1授業90分で指導形式は1:2となっています。カリキュラムなどはお子様の学習状況、志望校などにより異なってきます。お気軽にお近くの教室・校舎にお問い合わせください。

悩んでいます… 中2

クラブチームに所属していて、近くの早稲アカに通いたいのに、曜日が合わない科目があります。

解決します!

早稲アカの個別指導では、集団校舎のカリキュラムに準拠した指導が受けられます。数学だけ曜日があわないのであれば、数学だけ個別で受講することも可能です。もちろん、3科目を個別指導で受講することもできます。

悩んでいます… 中3

中2の途中から英語が難しくなってきて、中3の学習内容が理解できるか心配です。

解決します!

個別指導はひとりひとりに合わせたカリキュラムを作成します。集団校舎で中3内容を、個別指導では中2内容を学習することも可能です。早稲田アカデミー集団校舎にお通いの場合は、担当と連携し、最適なカリキュラムを提案します。

悩んでいます… 中3

中2範囲の一次関数がとても苦手です。自分でやろうとしても分からないことだらけで…。

解決します!

個別指導では範囲を絞った学習も可能です。一次関数だけ、平方根だけなど、苦手な部分を集中的に学習することで理解を深めることができます。『説明を聞く→自分で解く』この繰り返しで、分かるをできるにかえていきます。

新規開校 早稲田アカデミー個別進学館 **西日暮里校** **新入生受付中!**

小・中・高 全学年対応／難関受験・個別指導・人材育成

早稲田アカデミー個別進学館

WASEDA ACADEMY KOBETSU SCHOOL

お問い合わせ・お申し込みは最寄りの個別進学館各校舎までお気軽に!

池袋東口校 03-3971-1611	池袋西口校 03-5992-5901	御茶ノ水校 03-3259-8411	荻窪校 03-3220-0611
北浦和校 048-822-6801	千葉校 043-302-5811	大森校 03-5746-3377	月島校 03-3531-3860
三軒茶屋校 03-5779-8678	木場校 03-6666-4222	町田校 042-720-4331	府中校 042-314-1222
八王子校 042-642-8867	立川校 042-548-0788	市が尾校 045-979-3368	大宮校 048-650-7225
南浦和校 048-882-5721	志木校 048-485-6520	蕨　校 048-444-3355	川越校 049-277-5143
市川校 047-303-3739	船橋校 047-411-1099	つくば校 029-855-2660	西日暮里校 03-3802-1101

MYSTA

早稲田アカデミー 個別指導マイスタ

お問い合わせ・お申し込みは最寄りのMYSTA各教室までお気軽に!

渋谷教室 03-3409-2311	池尻大橋教室 03-3485-8111	高輪台教室 03-3443-4781
池上教室 03-3751-2141	巣鴨教室 03-5394-2911	平和台教室 03-5399-0811
石神井公園教室 03-3997-9011	武蔵境教室 0422-33-6311	国分寺教室 042-328-6711
戸田公園教室 048-432-7651	新浦安教室 047-355-4711	津田沼教室 047-474-5021

Success15 Back Number

2014 8月号

2014年
夏休み徹底活用術
夏バテしない身体作り

SCHOOL EXPRESS
市川

Focus on
埼玉県立川越女子

2014 7月号

イチから考える
志望校の選び方
日本全国なんでもベスト3

SCHOOL EXPRESS
筑波大学附属

Focus on
東京都立三田

2014 6月号

難関国立・私立校の
入試問題分析2014
快眠のススメ

SCHOOL EXPRESS
豊島岡女子学園

Focus on
埼玉県立春日部

2014 5月号

先輩に聞く!!
難関校合格への軌跡
高校図書館&オススメ本

SCHOOL EXPRESS
お茶の水女子大学附属

Focus on
神奈川県立厚木

2014 4月号

勉強も部活動も頑張りたいキミに
両立のコツ、教えます
水族館・動物園などのガイドツアー

SCHOOL EXPRESS
慶應義塾

Focus on
東京都立駒場

2014 3月号

どんなことをしているの?
高校生の個人研究・卒業論文
理系知識を活かしたコンテスト

SCHOOL EXPRESS
東京学芸大学附属

Focus on
千葉県立船橋

2014 2月号

勉強から不安解消まで
先輩たちの受験直前体験談
合格祈願グッズ

SCHOOL EXPRESS
開成

Focus on
千葉県立千葉

2014 1月号

冬休みの勉強法
和田式ケアレスミス撃退法
直前期の健康維持法

SCHOOL EXPRESS
早稲田大学本庄高等学院

Focus on
埼玉県立大宮

2013 12月号

東京大学ってこんなところ
東大のいろは
「ゆる体操」でリラックス

SCHOOL EXPRESS
早稲田大学高等学院

Focus on
埼玉県立浦和第一女子

2013 11月号

教えて大学博士!
なりたい職業から学部を考える
学校カフェテリアへようこそ

SCHOOL EXPRESS
慶應義塾志木

Focus on
千葉県立東葛飾

2013 10月号

模試を有効活用して
合格を勝ち取る!
中1・中2 英・国・数

SCHOOL EXPRESS
桐朋

Focus on
神奈川県立川和

2013 9月号

SSHの魅力に迫る!
東京歴史探訪

SCHOOL EXPRESS
法政大学第二

Focus on
東京都立立川

2013 8月号

現役高校生に聞いた!
中3の夏休みの過ごし方
自由研究のススメ

SCHOOL EXPRESS
中央大学附属

Focus on
埼玉県立浦和

2013 7月号

学校を選ぼう
共学校・男子校・女子校のよさを教えます!
使ってナットク文房具

SCHOOL EXPRESS
栄東

Focus on
神奈川県立横浜翠嵐

2013 6月号

今年出た! 高校入試の
記述問題にチャレンジ
図書館で勉強しよう

SCHOOL EXPRESS
青山学院高等部

Focus on
東京都立国立

2013 5月号

難関校に合格した
先輩たちの金言
英語で読書

SCHOOL EXPRESS
山手学院

Focus on
東京都立戸山

2013 4月号

早大生、慶大生に聞いた
早稲田大学・慶應義塾大学
学校クイズ

SCHOOL EXPRESS
東邦大学付属東邦

Focus on
千葉市立千葉

これより前のバックナンバーはホームページでご覧いただけます(http://success.waseda-ac.net/)

サクセス15 バックナンバー 好評発売中!

How to order バックナンバーのお求めは

バックナンバーのご注文は電話・FAX・ホームページにてお受けしております。詳しくは88ページの「information」をご覧ください。

さくいん

＜コーナー名＞

＜本文中記事＞

Success15
9月号

編集後記

暑い日が続きますが、みなさん元気に過ごしていますか？　私は暑い季節がとても苦手なのですが、だからといってクーラーの効いた涼しい部屋にずっといると、冷え性のせいで手足が冷たくなってきます。そんな厄介な体質なので、どうしたら夏を元気に乗り越えられるのかが、毎年悩みの種だったりします。

さて、「アツい」と言えば、今月号の体育祭と文化祭の特集です。取材をしたどの学校も、夏の暑さに負けず劣らず、熱い思いで行事に取り組んでいました。自分が高校生だったころを思い出して、懐かさに浸りながら取材をするのはとても楽しかったので、みなさんにもその楽しさが伝われば幸いです。（T）

Next Issue 10月号は…

Special 1

大学生に聞いた高校受験あれこれ

Special 2

ディベート特集

School Express

筑波大学附属駒場高等学校

Focus on 公立高校

千葉県立薬園台高等学校

※特集内容および掲載校は変更されることがあります

サクセス編集室お問い合わせ先

TEL 03-5939-7928
FAX 03-5939-6014

高校受験ガイドブック2014 9 サクセス15

発行　2014年8月15日　初版第一刷発行
発行所　株式会社グローバル教育出版
〒101-0047 東京都千代田区内神田2-4-2
TEL　03-3253-5944
FAX　03-3253-5945
http://success.waseda-ac.net
e-mail　success15@g-ap.com
郵便振替　00130-3-779535
編集　サクセス編集室
編集協力　株式会社 早稲田アカデミー

Information

『サクセス15』は全国の書店にてお買い求めいただけますが、万が一、書店店頭に見当たらない場合は、書店にてご注文いただくか、弊社販売部、もしくはホームページ（左記）よりご注文ください。送料弊社負担にてお送りします。定期購読をご希望いただく場合も、上記と同様の方法でご連絡ください。

Opinion, Impression & etc

本誌をお読みになられてのご感想・ご意見・ご提言などがありましたら、ぜひ当編集室までお声をお寄せください。また、「こんな記事が読みたい」というご要望や、「こういうときはどうしたらいいの」といったご質問などもお待ちしております。今後の参考にさせていただきますので、よろしくお願いいたします。